上司が若手に読ませたい

働く哲学

THE SUPERIOR WANTS TO HAVE THE JUNIOR STAFF READ.
WORKING PHILOSOPHY

柘植智幸
TOMOYUKI TSUGE

同友館

本書の活用法

本書は、僕がこれまで企業の若手社員や新入社員研修を行ってきた中で、実際に彼らから出てきた質問や疑問に対する僕の回答やアドバイスをまとめたものです。したがって、彼らに話すような表現が多くなっています。

上司の方が読まれる場合は、もしこのような質問が部下からきた場合に、どう対応するか。「ウチの会社大丈夫なんですか？」と聞かれたときに何と答えるか、そのひとつの視点として参考にしていただければと思います。

また若い方には、こうした彼らの疑問や質問をどう感じるか？　賛否あるかもしれませんが、あなたが仕事上で悩みができたときの解決のヒントにしていただきたいと思います。あなたの働くバイブルとして活用していただければ幸いです。


まずは、僕がこれまでどのように考え、生きてきたのか、どのようにして今の考え方を身につけたのか、その経歴をお話しします。

第1章

社会で働くために知っておくべき考え方……49

第2章

第3章 上司や同僚とうまく付き合うコミュニケーション力

第4章

これからの時代のキャリアアップのしかた

第5章 一人前と認められるビジネスマナー

第6章

仕事を楽しくするためのプライベート活用法

プロローグ

僕は1977（昭和52）年、大阪の八尾市というところで生まれました。父は八尾の高校を卒業して就職するわけですが、電電公社（現在のＮＴＴ）と郵便局に受かり、結局郵便局に勤めることにしたそうです。そこで愛媛出身の母親と知り合い、社内恋愛で結婚し、長男として僕が生まれたというわけです。また５歳年下の弟がいます。

中３で英語とローマ字の違いがわかった

小学校、中学校は地元の公立校に通いましたが、とりたててこれといったこともなく過ごしていました。少し変わっているといえば、小学生ながらに相撲が好きで、テレビ中継の放送があるときは、夕方の５時半になったら必ず家に帰ってテレビの前に座っていました。これは祖父の影響ですね。祖父が相撲好きだったのです。

両親は共働きで、僕は鍵っ子だったので、近くの祖父母の家にいることが多かったからかもしれません。

中学校に入って部活を始めました。最初野球部に入り、途中からラグビー部に替わりました。でも勉強はしませんでしたね。嘘みたいな話ですが、3年生になって英語とローマ字の違いを知ったんです。

3年生のときの実力テストが5科目合計で60点ぐらいしかありませんでした。1科目平均12点。担任の先生から「お前、このままじゃ高校に行かれへんぞ」と真剣に言われました。

英語とローマ字の違いがわかったのは、たまたま3年のときにラグビー部の部活で骨折してしまい、学校を休むことになって家庭教師をつけざるを得なくなったからです。そこで初めて英語がわかったんです。

そんな中学生でしたが、それでもなんとかギリギリで私立の高校に合格しました。クラスは情報処理技術科です。そこを選んだのは単に普通科じゃないところにしたかったという理由からです。今から思えば屁理屈な生徒だったでしょうね。

僕の勉強をしないという姿勢？は高校になっても相変わらずで、テストの点数が悪くてもなんとも思わなかったんです。

百貨店で働きたいと、専門学校を志望

僕は高校を卒業したら就職しようと考えていたんですが、親から「就職どうするんだ」と改めて言われたときに、なんとなくすぐには就職したくないなあと思い、「専門学校に行ってもいい?」と聞くと、「いいよ」との返事でした。親はそれほど僕の就職に興味がなかったのかもしれません。

でも、僕は18歳のときに志を立て、心に決めたことがありました。それは、「一生働く職場は、女性の多いところにする」ということです。50歳になっても18歳の女性といっぱい出会える職場で働くぞと。

そして考えたのがデパート、百貨店でした。当時、リクルートの進学ブックに百貨店が載っていたので、さっそくその採用校をチェックしました。すると専門学校が3校あったんです。

「よし、そのどれかに行こう」と決めるのに時間はかかりませんでした。しかし、僕らはいわゆる団塊ジュニア世代ですから、同学年の生徒数が多い。だから入学試験

は、受験者が多いから競争が厳しくなって落ちる確率が高くなる。

そこでどうしたか。3つの中で唯一入試がなかった大阪の某専門学校に決めたのです。担任の先生からも「お前のレベルじゃあ（試験に）受からないぞ」と言われていたので、それなら試験のないところに行こうと。

その専門学校は9月30日に願書を持っていけば100％入れるという確証があったので、迷わず当日願書を持参しました。

就職試験にすべて失敗

おかげさまで専門学校にも入れて、楽しい学生生活を送っていました。

それでも就職活動の時期はやってきます。当時はまだインターネットなどはありませんから、ひたすらリクルートブックの資料請求ハガキを送りました。全部で150通ぐらいは出したでしょうか。そこまでやる学生はクラスにいませんでしたから、一番やる気のあった学生だったと思います。

先ほども言ったように、僕は百貨店に就職して女の子の多い職場で働きたいという「志」を立てていたので、当然、百貨店を第一志望としていたのですが、当時はちょうど百貨店不況の時代で、残念なことに専門学校からの採用枠がなかったんです。

そこで、流通系でほかに女性の多い職場はないかと探すと、唯一総合スーパーが募集していました。地域採用がけっこう多く、がんがん応募しました。

しかし結果はどうだったかというと、全部で40社ぐらい受けましたが、なんと1社も受からなかったんです。なぜか?すべて筆記試験で玉砕したのです。

たとえば数学でサイン、コサインがでてきますが、数学の試験になんで英語が入っているのかなと。サインってあの野球のサイン?伝達のこと?と思ったぐらいですから無理もありません。

こうして1社も内定を取れなかったわけですが、でも公務員になるのは嫌だった。特別に理由はなかったんですが、ただ僕の両親が公務員だったから無意識のうちに避けていたのかもしれません。とにかく公務員は嫌だったんです。

まあ仮に公務員を志望しても、筆記試験で落ちたでしょうが…。

専門学校の恩師と就職セミナーで人集め～19歳・20歳

就職に失敗した僕はそれでどうしたかというと、就職セミナーの手伝いのようなことをやっていました。専門学校時代の恩師が講師を務めるセミナーです。

その先生が非常にいい方で、こんなのやってみないかと言われたのがきっかけですが、振り返ってみれば、18歳のときにその先生に出会ったのが僕の人生の中で一番大きな出来事です。

僕はそれまで社会について批判的なことしか言わなかった。厳しいだとか、面白くないだとか。でもその先生は笑顔でこう言ったんです。「柘植《つげ》くん、仕事って簡単だぞ」と。

衝撃的でした。仕事って簡単で、面白いもんだぞっていうのですから。

それで「ああそうなのかな」と思って、サークル活動のような感じでその先生の就職セミナーを開催して、「セミナーに来る?」という感じで学生を誘ったりしていたんです。それが19歳のときです。

その先生は兵庫県の尼崎市出身で、三浪して同志社大学に入り、卒業後はコンサル系の会社に就職してビジネスコンサルタントの仕事に就き、その後会社を辞めて専門学校の先生になったという経歴の持ち主です。だから教育メソッドは持っていたわけです。

その先生が37、38歳のころに僕が18歳で出会い、いろいろなことを教えてもらいました。先生の授業を聞いた同じクラスの学生は、みんないいところに就職していきました。専門学校卒でコンサル系の企業の内定をもらうとか、初めて総合職採用で流通系の超大手企業の内定者も出ました。クラスで就職活動をした中で内定が出なかったのは僕だけ。でも僕が一番先生と仲が良かったんですけどね。

大学に就職セミナーを売り込み営業～21歳

専門学校を卒業してどうしようかと考えていたときに、以前自分たちで就職セミナーを開催していたので、大学での就職支援、つまり就職セミナーを大学に売りに行くことにしました。それが21歳のときです。

「僕たち、自前でこんなセミナーをやったことがあるんですが」と、大学に営業に行きました。

結果ですか？当然、売れませんよ。

21歳の若造が、しかも就職したことがない、1社も内定を取ったことのない専門学校出の若造が売りにくるわけです。でっぷり太った営業マンがダイエット食品を売りに来るみたいなもので、全然説得力がない。でも、その説得力がないことに気づかないんですよね。

セミナー講師役の恩師が一緒にいるならまだしも、一度も同行してくれたことがないですし、先生のプロフィールだけ持っての飛び込み営業でした。

今でも覚えています。某専門学校に飛び込みに行って、いつものように当然門前払いされると思っていたんですが、「ええ、お話を聞きましょう」と。(「え、マジ?逆に困るわ」みたいな感じでした。)

応接室に通され、僕が「すみません、いつごろ名刺交換したらいいでしょうか」と聞くと、相手の方が「普通だいだい今ごろですよ」と。それで初めて名刺交換というものをしました。

そんな調子で半年ぐらい営業をしていたころ、ようやくある短期大学が受け入れてくれたんです。「1回使ったるわ」って。見事初受注です。

「ありがとうございます。ではいつごろ講師を連れてきましょうか」と次回の打ち合わせのつもりで言ったら、「いや、その先生じゃなくて柘植《つげ》さん、あんたできる?」って聞かれました。

先生じゃなくて僕にオファーが来たのです。僕はとっさに「はい、できます」と嘘をつきました。それまで実績がなかったので、なんとしても仕事が欲しかった。それで「できます」と嘘をついたんです。とにかく突破口が欲しかったんです。

そこから1ヵ月半ぐらい、人前で話す練習をしました。そして21歳のときに170人の大学生の前で「就職とは」についてしゃべったんです。就職活動で内定を1つも取れなかった人間が、就職ガイダンスをやったのです。

終了後、担当者の方から「君、(ちゃんと)できるやん」と言っていただきましたが、ひやひやものだったことを覚えています。

それが突破口になって、3年間で関西圏の50大学を開拓していくことができました。

大学から企業へシフト〜22歳

でも大学だけで営業をしていても事業としては成り立ちませんでした。一講座だいたい5万から10万の売上げですし、それに就職セミナーは年がら年中あるわけじゃないですから。

それで企業にシフトしました。電話でアポを取ったり、飛び込み営業をしたりして、企業に新入社員研修の売り込みを始めたのです。22歳のときでした。

こんなエピソードがあります。一緒に営業をしていたメンバーが、関西で上場している某IT系の会社から研修を取ってきたのです。実は僕、就職活動していたときにそこを受けていたんです。もちろん筆記で落ちたんですが。

高校時代、情報処理技術科でシステムをやっていたので、流通系のほかにIT系の企業も回っていたんです。

後日その会社に打ち合わせに行くと、なんだか見覚えがある。だって2年前に試験を受けに来ているわけですから。

それで「実は僕、この会社受けたことがあるんですよ」と言うと、相手の方は「え、そうですか。よかったね」と。その「よかったね」という言葉の意味が今になってわかるんですけども。

会社を立ち上げたことで気づいたもの〜25歳

企業へシフトし研修などの仕事をしていたとき、ある方から「やるならちゃんとやらなきゃだめだ」と言われて、よし、真剣に教育ビジネスをやろうと思ったのが24歳のとき。そして25歳で会社をつくりました。

それまではどちらかというと甘えていたんですね。儲けなくても居心地がいい場所だからまあいいかみたいに。言ってみればNPO的な活動をしていたんです。

立ち上げた会社は当初7人でやっていましたが、最終的に5人が辞めていきました。実際に儲かっていないし、一緒にやっていたメンバーが専門学校時代の後輩というのも関係していたと思います。

そのころの僕は、なかなか事業がうまくいかないことを他のメンバーのせいにしていました。つまり「他責」にしていたんです。「お前のレベルが低いからだ」とか平気で言って。それで1人、2人と去っていきました。

去っていったというか、本心では去っていって欲しかったんですね、以心伝心で。でも一人ぼっちにはなりたくない。中途半端な状態でした。

そんなとき、ある先輩に会って、心境を話したんです。

先輩は僕の話を一通り聞いた後、こう言いました。「柘植《つげ》くんな、もしかしてそいつの能力がないのかもしれないけど、能力がないから辞めたんじゃなくて、そうさせてしまっている自分に責任があるんじゃないの？それがわからないと成長しないよ」

と。

そこで初めて気づきました。「自責」という考えがまったくなかったことに。僕はそれまでずっと他責にしていました。それじゃあいけなかったんです。そのメンバーと一緒にやろうと決めたのは自分だし、そのメンバーに仕事を与えたのも自分じゃないかって。

それからは他責じゃなくて全部自責にしようと思ったのです。25歳のときです。

仕事を始めて5年目にして初給料

じんざい社を立ち上げてから、僕はようやく給料を自分で稼げるようになりました。気がつくと、仕事を始めてから5年の歳月が経っていました。

初めて手にした給料は25万円でした。他責から自責に考え方を変えてから仕事がうまく回りだした。

22歳のときは、働きすぎて、なんと誕生日に不整脈を起こして救急車で病院へ運ばれてしまいました。集中治療室で「名前は？」「柘植《つげ》です」「生年月日は？」「6月21日です」「おや今日だね、おめでとう」なんて先生から言われて。またいろんな人とトラブルがあったりしてもうボロボロの状態でした。

24歳のころは本当にお金がなくて、アポイントを取って相手先に会いに行くのに電車賃がないんです。どうしようと思って、小学生から貯めていた500円貯金箱を壊して持っていったという辛い思い出があります。

いま振り返ってみると、物事の結果をすべて他責にしていたということ、20歳までほとんど勉強をせず手を抜いて生きてきたので、それら過去すべてが現在の姿になっているということがよくわかります。やっぱり過去の積み重ねが現在につながるというのは正しいなぁと。

だから、25歳になるまで僕はお金儲けの筋肉がぜんぜん身についていなかったということです。20歳からの5年間は自分なりにがむしゃらにやりましたが、お金儲けの筋肉痛＝成長痛だらけでした。痛みしか感じなかった。その経験があったから、いまこうしてご飯を食べさせてもらっていると思っています。

20歳までは手を抜いた人生で、20歳からはそれを取り戻すようにがむしゃらに働いた。あのとき一生懸命生きてきた貯金を25歳のときに給料としてもらったという感じがします。

キーパーソンとの出会い

改めて考えると、何名かのキーパーソンとの出会いがありました。まずは僕がこの道に進むきっかけを与えてくれた専門学校の恩師、そして自責の大切さを教えてくれた先輩、等々。

このうち誰かが欠けても25歳のときにこうして実を結ぶことはなかったと思います。そしてなぜ僕が今までこのビジネスをやり続けることができたかといえば、就職できなかったからです。なぜなら、どこか1社でも内定がもらえていたら間違いなくそこに勤めていたはずですから。

それにしても20歳からの5年間、どうやって食べていたか記憶がないほどです。でも、おかげさまで給料が稼げるようになってからはずっとうまくいっています。

5年間、1円も稼げなかったけれど、その分たくさんのお金儲けの筋肉痛＝成長痛を経験しました。だからいかに売上げを上げるか、お客さんに名前を覚えてもらうか、それがどれだけ大事なことかよくわかるんですね。

会社の看板があったらアポも取りやすいし、実績がなければ取り合ってもらえない。

ましてや教育ビジネスの世界は参入障壁が高いにもかかわらず、それを知らなかったんです。相手の方が「稟議が上げられない」という、稟議の意味がわかりませんでした。（そもそもどんな字を書くかもわからない。）

その後、26歳の若造が企業のコンサルをしている、しかも大学も出ていないのに部下指導のテーマで上司を教えているというユニークさから、いろいろな方面から声をかけていただくようになりました。

痛みしかなかった5年間

僕は経営を専門に学んだことはありません。すべて経験、実体験にもとづいて話しています。

じんざい社を立ち上げた25歳以降の僕は、あまり変わっていないと思います。周りのメンバーがやりたいことをやっているだけで、僕がやっていることは13年間変わらず人材育成の仕事ばかりをさせてもらっています。

あの20歳からの5年間、腐らずにお金儲けの筋肉痛＝成長痛と向き合い、お金儲けの筋トレを続けてきたからこそ、その後の人生が劇的に変わったと思います。あのときがあって今があるということです。

当時は、この先に明るい未来があるなんてまったく思いませんでした。お金儲けの筋肉痛＝成長痛のときはこの痛みをどうするかだけで、先なんてまったく見えていませんでした。

お金を儲ける筋肉が一切なかったときですから、何をやっても痛かったですね。毎日が痛みとの戦いでした。

過去を振り返って思うこと

本書を読んでいる人は多くがビジネスパーソンの方でしょうから、毎月給料がもらえる。給料をもらいながら怒られる。いいじゃないですか。収入がないのに鍛えなければいけなかった自分に比べれば、どれだけいいかと思います。

これは考え方ですけど、すごく楽だと思いますよ。あの当時、誰かが「柘植《つげ》くん、今はお金儲けの筋トレをしているんだよ」と教えてくれたらよかったんですけど、誰もそんなことは教えてくれなかった。

でも、それはいま振り返ってみてわかることです。だからこそ、それをみなさんに伝えたいし、わかってもらいたいのです。

人間、嫌なことはいつか忘れるものです。僕も20歳からの5年間、どうやって生きていたのか、ぽっかり記憶が抜けているんです。それだけ無我夢中でやっていたんだろうと思います。

だからお金のない辛さや苦痛も人一倍わかっているつもりだし、当時一緒にやっていたメンバーもお金がなかった。そんな状況の中でも命がけで会社を続けてきたので、彼らの栄養分を全部僕がいただいたという感じでしょうか。

辛い時期を乗り越えている途中というのは、自分ではなかなかわからないものです。つい挫けそうになりがちですが、腐らずに、心が折れることのない考え方を身につけることによって、一歩ずつ確実に前に進んでいくことができるのです。

本書で伝えたいこと

本書で僕が伝えたいこと、それは「腐らない」ということです。日々のビジネスの中でやる気を失わないこと、心が折れないことが大切なんだということです。

僕が今日までやってこれたのは、腐らない自分がいたからです。だから若い方は、どんな状況でも腐らない考え方を身につけてほしいのです。

プロローグで紹介したように、僕はごくごく普通の公務員（郵便局員）の家庭に生まれました。いじめられっ子でもなく、かといってスポーツ万能でもなく、普通に生きてきた人間です。

しかし、専門学校を卒業して社会に出てから、ある考え方のもとに普通じゃないような行動をとってきました。

本書にはその考え方が自分の経験談をもとに詰め込まれています。だから、自分が社会人になる前にこんな本と出合えていたら、腐ることなくもっと早く今の段階に到達できたのではないかなと思います。

たとえば僕が21歳のときに本書のようにアドバイスしてくれる先輩がいたら、どれだけ良かったか。ひとつのことにいちいち反応して、むかつくこともなかっただろうし、できない理由を他人に押し付けたりすることもなかったはずです。

僕は5年間遠回りをして、25歳のときに初めて「自立自責」の考え方を身につけました。そして、それによって自分が伸びる、成長することがわかったのです。

だから現在、とくに25歳以下の若い方にとっては、つらい毎日かもしれませんが、腐らないこと、やる気を失わないこと、心が折れないことが大切なことなんだということをぜひわかってほしいのです。

若い人が最初にぶちあたる壁は、高校や大学を出て就職する、つまり社会人になったときでしょう。その前に受験のときも壁だという意見もあるかもしれませんが、いずれどこかに合格することはできます。親が助けてくれることもあります。

しかし、学校を卒業して社会人になったら、上司から理不尽なことを言われ、お客さんから厳しいことを言われます。それまで経験したことのない、どう対処したらいいかわからない状況が次々と襲ってきます。

そこでやる気を失い凹んでしまったら、壁を乗り越えることは非常に困難です。どんな状況でも腐らないことが大切なんだということに気づいたら、本書に書かれている内容もスムーズに理解できるはずです。

本書で僕が話している内容は、研修を通じて若者に直接向き合い、相談を受け、アドバイスした事項を整理したものです。

その根底にあるものは、自分が損をしない生き方をしてほしいということ。そのためには腐らない、やる気を失わない、心が折れないための考え方を身につけてほしいのです。

腐らない人材になるための４つの考え方

僕がこれまで研修を通じて年間延べ一万人の若者と向き合ってきた中で、彼らから悩み相談を受けてきた事項に対する僕なりの回答、すなわち、腐らない人材になるための根底にある考え方を整理すると、次の４つになります。

1. 「自立・自責」の考え方
2. 「会社はお金儲けの筋肉トレーニング事務所」の考え方
3. 「期待値」の考え方
4. 「教えられ上手・育てられ上手・叱られ上手」の考え方

この考え方にもとづいて本書はまとめてあります。ですから、まずはこの４つの考え方をふまえたうえで読み進めていただければ、なぜ僕がそういうアドバイスをしているのかがスムーズにご理解いただけると思います。

では以下にそれぞれのポイントをご説明します。

1.「自立・自責」の考え方

①他責・依存で損をするのは自分
②温室育ちは経済くんの機嫌が悪くなるとたちまち枯れてしまう
③矢印を自分に向けると上司や会社に不満がなくなる
④やる気がなくてもお客様には関係ない

あなたは仕事がうまく進まないとか、売上げが上がらないのを周りの人や環境のせいにしていませんか。また安易に景気が悪いからとか。

それが「他責・依存」の考え方なんです。自分は悪くないと棚に上げて、責任を相手に押し付ける。実は、僕も以前「他責」だったんです。

「部下がまた辞めていきました」

「それは能力が低い部下が悪い」

これが他責です。いつもこうすれば楽だし、簡単ですよね。

でもそうではなくて、「辞めさせた自分のほうが悪いんじゃないか」という自責の考えがないと、いつまでも自分が成長できないことに気づくべきなのです。

責任という矢印を外（相手）に向けるのでなく、自分のほうにもってこれるか。自分に向けると心が痛いけれど、一番成長できるんです。目の前の現象や結果というのは、すべて自分が行ったことだと捉えて結果を謙虚に見つめなおすことが大切なんです。

つまり、責任の矢印を自分に向けないと、問題点をずっと先送りにしたままいつまでも被害者意識を持ち続けることになります。

たとえば、「こんな会社だとは思わなかった」と不平不満を言ったところで、最終的にその会社を選んだのは自分なんだから、いつまでもそんなことを思っていてもしょうがない。一歩も前に進まない、つまり成長しないということなんです。

自分のイメージと違っていたのは、どこかで間違ってそう思ってしまったからであり、どこで間違っていたのかを見つけ、改善することで次の過ちを繰り返さないことが大切です。たとえ、100％相手が悪かったとしても、それを相手のせいに他責にすることに何の意味もないのです。

また、僕は「ビニールハウス症候群」という表現を使います。ビニールハウス症候群とは、まさに他責・依存型の人間を表している言葉です。つまり、環境のいい暖かいビニールハウスの中でぬくぬく育ちたいと考える人たちのことです。

きれいなオフィスで、おしゃれなデスクで最新のパソコンを与えられる。そういう至れり尽くせりの環境で働きたい、これが他責・依存型の人間です。

自立・自責型と他責・依存型を比べた場合、逆境や困難に強いのはどちらだと思いますか。

たとえば、あなたはひまわりの種だとします。何もない砂漠に蒔かれたらどうでしょう。

「すみません、僕ひまわりなんで、砂漠じゃ育たないんですけど」

こんな他責・依存型の人間だったらすぐに枯れてしまいます。

逆に自立・自責型の人間はこの状況でどう考えるかというと、

「砂漠だったら砂漠で育つように自分が変わればいいじゃないか」

すなわち、どんな環境でもそれに対応するというのが本当の強さなんです。ビニールハウス症候群の人は、農家の人（つまり上司）が毎日世話をしてくれないと育たないし、やる気も起きない。本当に強い人は、環境が悪ければ悪いほど強く育つんです。だからすぐ周りのせいや上司のせいにしてはいけないのです。

「いつも自分はやる気が低下するので、やる気を上げてくれる上司がいいです」「やる気を下げるような人は悪い人、嫌な人間」

こういう周りに頼る、周りのせいにするという"環境依存の度合いが高い"ところに問題があることに早く気づいてください。

2. 「会社はお金儲けの筋肉トレーニング事務所」の考え方

①20代はお金儲けの筋肉が未熟だからしんどい
②会社にはさまざまなお金儲けの筋肉痛＝成長痛が待っている
③筋肉の痛みがなくなったら成長している証拠
④同期で差がつくのは、たまたまその筋肉を鍛えていただけ

あなたは仕事で嫌なことや苦しいこと、辛いこと、しんどいことを経験していると思います。そして、これらはあなたの体にさまざまな「お金儲けの筋肉痛＝成長痛」を引き起こします。

ビジネスの世界というのは、お金儲けの筋肉をつけるトレーニングの場なのです。だから筋肉痛＝成長痛が起こるんです。

たとえば、あなたは社会人になる以前、同じ世代の友達としゃべるという筋肉はある程度ついているはずです。ところが自分より20歳も30歳も年上の人と話すという筋肉を鍛えた経験がないため、入社後に「コミュニケーション」部分の筋肉痛＝成長痛が起こるのです。

「うちの上司、どうも苦手だな」

「あの先輩とどうやったらうまく話せるだろうか」

これが筋肉痛＝成長痛の症状です。こうしてやる気を失って損をしているというわけです。

また、あなたは学生時代にお金儲けの筋肉を鍛えていないと思います（アルバイトをして稼ぐことはまったく違います）。会社は売上げを上げなければなりません。お金を稼がないと給料も払えないし、赤字になって最悪倒産してしまいます。

そのために会社（上司）はあなたに役割を与えます。それを実行するときに、これまで使ったことのない筋肉が使われ、悲鳴をあげるのです。つまり、嫌なこと、辛いこと、継続すること、苦手なこと、これらは全部お金儲けの筋肉痛＝成長痛なんです。だから新入社員のときには、朝起きるのが辛い。毎日会社に行くという筋肉痛＝成長痛が起こります。

また毎日同じような仕事を繰り返していく中で、「こんなことを続けていていいのかなぁ」と思うのは、繰り返すという筋肉痛＝成長痛が起きているのです。

したがって、とくに入社1年目は筋肉痛＝成長痛しかないといえるのです。一般的に筋肉をつけるためには重たいものを持ったりして鍛えますよね。だから経験を重ねていくうちに、必要な箇所にいろいろな筋肉がついてくる。その分だけ成長しているということであり、成果として給料が上がるということなんです。

たとえば、いろいろな人と話すという筋肉が鍛えられれば、嫌いな人とも話すことができるようになります。そして苦手な人とも一緒に仕事ができるようになったら、上司はあなたに「きちんと仕事ができるようになった」と100点をくれます。人間関係を通じてビジネスというお金儲けの筋肉がついてきたという評価です。

繰り返しますが、これまで鍛えたことがない筋肉を鍛えるから筋肉痛＝成長痛が起きるだけなんですよ。会社はそれをトレーニングする場所、つまり筋トレのジムと同じなんです。

だから、自分だけ契約が取れないからといって、この仕事に向いていないんじゃないかと決めつけるのは早合点です。「まだ」取れないのであって、「ずっと」取れないということではないのです。

これはあなたと他の人との筋肉の鍛えている量の違いからくるものであって、あなたの能力が低いわけではありません。だから周りと比較して「自分には能力がない」と落ち込むよりも、その仕事を通じて自分の筋肉を鍛え続けることに対して、折れない心を持つことのほうが重要なんです。

つまり、一番重要なのは、今やっているその仕事にまじめに取り組むということなんです。

3.「期待値」の考え方

①ビジネスにはすべて期待値がある
②期待値どおりで当たり前「ありがとう」
③期待値を下回るとクレーム
④期待値を上回ると感動しリピートとなる

先ほど「ビニールハウス症候群」という話をしましたが、もうひとつ「自動販売機の法則」というものがあります。

自動販売機は雨の日も暑い日も寒い日も、お金を入れたらちゃんとジュースが出てきます。

たとえば、「今日は寒いので商品を出せません」などということはない。千円札を入れて、「今日はお釣りがないので、返せません」ということもない。

何が言いたいかというと、自動販売機というのはビジネスの根幹なんだということです。お金を入れたらいつでも指定のジュースを出す。それが自販機の仕事です。あなたが働いている時間は自販機と一緒なんです。

今日はやる気がないから商品を出さない（＝仕事をしない）ということは認められない。クオリティをいつも維持しなければいけないということなんです。やる気うんぬんで仕事の成果が変わるということ自体がおかしいのです。

また自販機は、お金を入れてボタンを押せば、指定したとおりのジュースが出てくるという期待がもたれています。これが期待値です。

１２０円を入れたらジュースが出てくる。これは期待どおりのことで、ちゃんと出して当たり前です。「どうも」とか、軽く「サンキュー」のレベルです。

ところが自販機が期待を下回ることがあります。たとえば、お金を入れてボタンを押したのに商品が出てこない、お釣りが出てこないといったケースです。これらは即クレームにつながります。もう二度とその自販機では買わないということもあります。

逆に自販機が期待を上回ることはあるでしょうか。１２０円を入れたら2本出てきたとか、50円玉のお釣りが出てきたとかというケースが考えられます。こんな自販機があったら、いつもその自販機を利用しますよね。

これがビジネスの原理原則なんです。すなわち、人間は自分が期待しているレベルを上回ることをしてもらったときに感動を覚え、リピーターとなるのです。

たとえば、新入社員の期待値ってなんだかわかりますか。新入社員に期待されていることは、まずちゃんと挨拶ができるかどうか。できて当たり前なんです。

それを上回ることをすれば、周囲は感動し、リピートしようとします。それがすなわち「教えられ上手、育てられ上手、叱られ上手」ということです。

上司に叱られて気分が悪いからと、返事もしないなどというのは期待値を大きく下回っている状態であり、どうしようもない社員という評価が与えられます。

ビジネスは人と人との信頼関係のうえに成り立っています。これをきちんと把握しておくことが大切なんです。

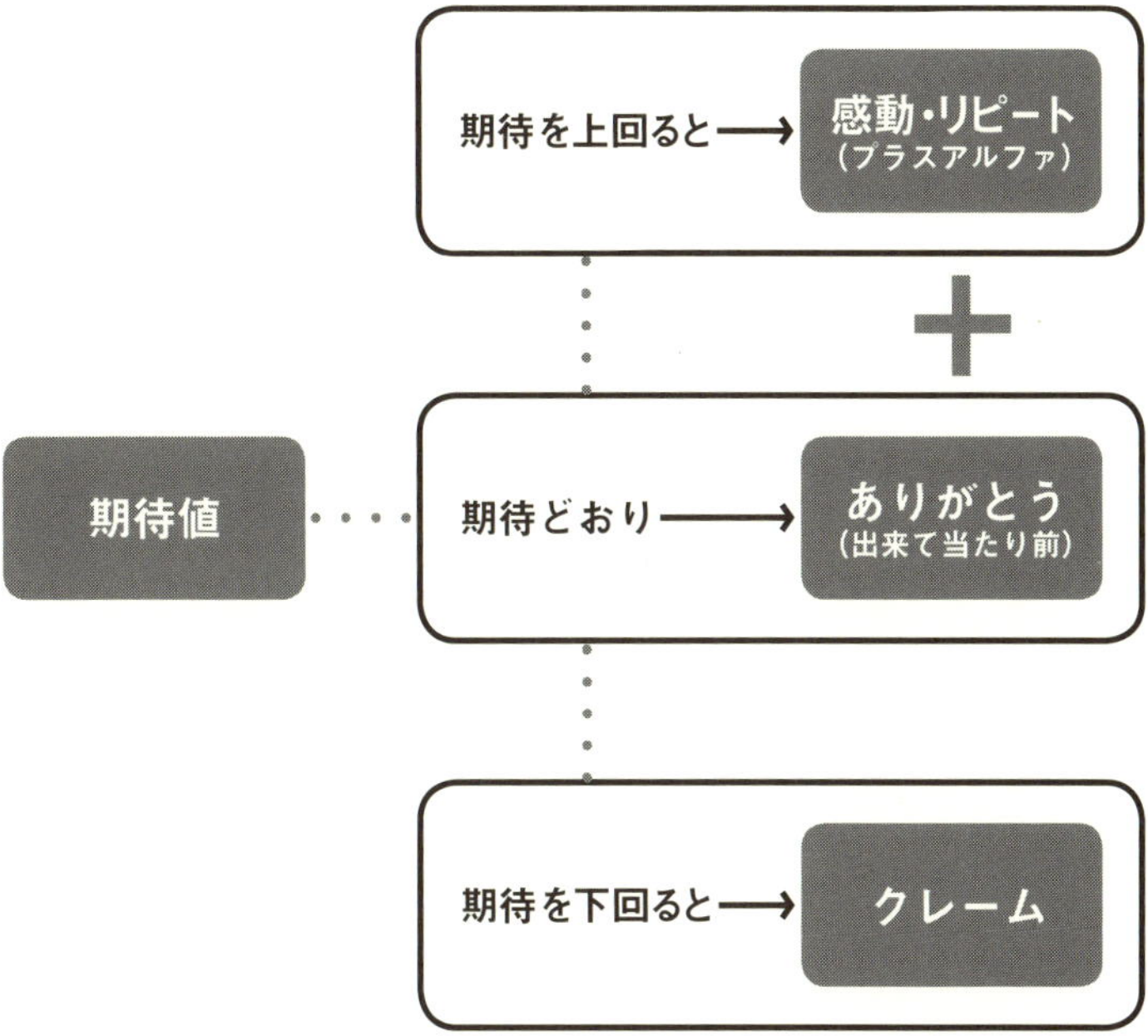

自動販売機の期待値は 120 円を入れて、飲みたい飲み物がしっかりと冷えている（温まっている）状態で出てくること。
期待値を上回るときは 120 円入れてジュースが 2 本出てきたり、おつりが多く出てきたりすると感動する。
しかし、ジュースが 2 本出てきても、それがぬるかったりするとクレームとなってしまいます。つまり、期待値を理解せずに感動のゾーンばかりに目をやってしまうと、お客さんの支持を得ることができないのです。

4.「教えられ上手・育てられ上手・叱られ上手」の考え方

①完璧な上司なんているはずがない!
②親しき仲にも礼儀あり
③スキルや専門性は時間と共に身につくもの
④叱られても後から「ありがとうございます」を言える人が叱られ上手

あなたは生まれてからこれまで多くのものを教えられながら、また愛情を注がれながら育ってきたと思います。しかし、それは親子の関係、先生と生徒の関係において成立することです。

会社では、あなたと上司は赤の他人です。それを飛び越えて、何も知らないあなたにビジネスのイロハを教えてくれる、厳しいことを言ってくれているのです。ですから、あなたは上司にもっと礼儀をつくさなければいけません。昔から「親しき仲にも礼儀あり」というくらいですから。

それを「上司は自分を目の敵にしている」とか「上司は何も教えてくれない」「部下にやつあたりしている」という側面ばかりを取り上げて批判する。この世に完璧な人間などいないように、非の打ち所のない上司などいるはずがないのです。

ちょっと怒られただけでやる気を失う。すねる。ふてくされる。そんな部下なら、上司だって人間です。「もうどうでもいいよ。だって君の人生なんて僕に関係ないから」となってしまいかねません。

では、どのようなことに注意すればいいのでしょうか。それは、上司から「こいつにもっと教えたいな、育てたいな」と思われることです。すなわち教えられ上手、育てられ上手になることが自分を一番成長させることになるのです。

さらにもう一ついえば、叱られ上手です。何度叱られても反省して心が折れることなく仕事に向かう。それを見て感動しない上司はいません。

また、これはアルバイトとの関係においてよく見られることですが、教えたい子にはものすごく丁寧に教えます。でも、教えたくない子には形式上のことしか教えません。流れ作業しか教えない。

あなたが働く職場も同じです。他人同士の職場で、わざわざ上司が愛情をもって声をかけるのは誰か。それは教えられ上手で育てられ上手で叱られ上手の部下だということです。

すなわち、教えられ上手、育てられ上手、叱られ上手の部下がいれば、上司はちゃんと教えるんですよ。それなのに、挨拶すらできない新人が、「教えてもらえるのが当たり前じゃないですか」という態度をとってしまっては、教える以前の問題になります。

社会人になるとさまざまなお金儲けの筋肉痛＝成長痛が起きるように、はじめから仕事ができる新人なんていません。よく「即戦力が欲しい」などと言いますが、そんなことは新人に期待していません。中途採用の場合の話です。

仕事を処理するスキルや専門分野の知識は経験を積んでいくこと、つまり時間の経過とともに鍛えられていきます。

生き方・働き方のルールが変わった！

今日の若者を取り巻く環境は、われわれ大人の世代が体験してきたものとは一変しています。それとなく仕事をやっていれば自然と給料が上がっていった時代でもないし、「自立しろ」といわれても、そもそも自立を促すような教育を受けていないのです。高度成長期や日本中が浮かれたバブル景気を経験したわけでもなく、ゆとり教育の弊害で不充分な基礎学力の状態で社会に出て行かざるを得ない世代が今の若者たちです。われわれ大人の世代から比べると、かわいそうな面が多くあります。

しかし、だからといって同情ばかりもしていられません。今の若者はロストジェネレーション（以下、ロスジェネと略す）世代から身をもって「生き方」を学ばなければいけないのです。

ロスジェネとは１９７０年代初頭から80年代初めにかけて生まれた世代をいいます。大学卒業時に就職氷河期を体験し、ようやく入った会社では成果主義の洗礼を浴びてダメ出しされ、果てはリストラの憂き目に遭ったり…。社会人になったとたんに世の中から攻撃を浴びせられることになった世代です。

彼らの中には、フリーターや派遣労働者、安い給料で働いている正社員など、「ワーキングプア」が大勢います。つまり、ロスジェネの世代は○か×かをはっきり社会から突きつけられたのです。

バブル経済が文字どおり泡と消え、年功序列制が崩壊し、「即戦力」という言葉が流行る中、社会に出たロスジェネは、身をもってこれらを体験してきたのです。その中で「自立・自責」の考え方を持てなかった人は、社会の底辺にずっといるわけです。

ロスジェネは時代の流れの変化の中で様々な体験を受け止めてきました。だから、今の若い人はロスジェネからその貴重な体験を学ばなければいけないのです。〝どのような生き方・働き方をすれば良いのか〟を。

ロスジェネの生き方・働き方を見て、どのような道を選ぶかという選択肢が今の若者にはあるということを認識していただきたいです。

それともう一つ。競技種目が違うということです。

これまでの22年間はサービスを受ける側であったのが、社会に出れば今度はサービスを提供する側になります。すなわち、これまでやってきた競技とは全然違うものに変わるということです。

だから、これまでの考え方のまま社会に出ると、すぐに壁にぶち当たって負け続きになります。負けないためには、早く新しい競技のルールに対応しなければなりません。「ルールが違うじゃないか」とふて腐れても、演じる競技が変わったのですから、自分が変わらなければ、誰も助けてはくれません。新しい競技に対応していくためには、どのように考え、どのようにして働くべきなのでしょうか。

本書では「仕事くん」「お金くん」「経済くん」という競技種目とどう向き合っていくべきか、ロスジェネと同じ轍を踏まないようにするにはどう自己防衛を図っていくべきなのか、その考え方や対処の仕方を「20代の働くバイブル」になればという思いを込めてまとめております。

具体的には、「社会で働くために知っておくべき考え方」「仕事との向き合い方」「コミュニケーション」「キャリアアップ」「ビジネスマナー」「プライベート」のシーン別に全75の項目に分けています。

実際にあった悩みや不安、疑問を取り上げて、アドバイスをしていくというパターンでまとめておりますので、興味のあるところから自由にご覧いただければ幸いです。
皆さまの人生が、キャリアがより良いものとなることを願っております。

柘植智幸

2011年1月

第1章

社会で働くために知っておくべき考え方

僕は疑問です 1

「社長が言ってるんだからしょうがないだろう」って、どういうことですか？

こう考えよう

社長の考え方を理解し、上司とうまく付き合うことを考える。

あなた「なんでこんなことをしなくちゃならないんですか」

上　司「社長が言っているんだからしょうがないだろう」

こう言われてやる気を失ってしまい、あなたは社長や上司の言うことに反発し、ますます仕事に対する意欲がなくなっていきます。

さて、この状況で損をするのは誰でしょうか？　上司でしょうか、それとも社長でしょうか？

実は損をするのはあなた自身なのです。社長や上司に逆らってはビジネスマンとしてやっていくことはできません。ずっとほされるか、あとは退職か転職するしか道はなくなります。

そうではなくて、「あ、うちの社長ってこういう想いや夢を持った人なんだな」と理解し、上司とどう上手に付き合っていくかを考えなければいけません。

すなわち、社長や上司から気持ちよく接してもらえるやり方を考えるべきなのです。「うまくやれない自分に何か問題があるんじゃないか」という自責の念で捉えることで成長できます。

会社にはいろいろな立場の人がいます。会社はそういう人たちとどうやって一緒に働くかということをトレーニングしていく場です。そして、それはすべて自分のためになっていくのです。

会社のために働こうとか、社長のために働こうとかするのではなく、個性的でキツイ上司の下で働くことが自分の成長のためになると考えましょう。どのような環境であろうがすべて必ず自分のためになるのです。

金言

個性的でキツイ上司の下で働くことが将来的にすべて自分のためになる

僕は不安です…

2

この不況でウチの会社は大丈夫なのか心配です…。

こう考えよう

今は、百年に一度の「筋トレ」の最中だ！

百年に一度といわれる不景気の嵐が吹き荒れ、中小企業はもちろん、誰もが知っている大企業でさえ大きく業績を下げました。

そうした中、「うちは大丈夫なのか」と動揺したり、逆に「うちは関係ないでしょ。大丈夫ッスよ」と根拠のない自信を持ったりしていませんか。

景気がいいからハッピーで、景気が悪いからアンハッピーと単純に考えるのは、環境への依存度が高い証拠です。では天気がいいから幸せで、天気が悪いから不幸せなのでしょうか。

そうではなくて、天気が悪ければ何か気分が良くないなという学びがあり、天気がいいときにはなんだか気分が良くなるという学びがあると考える姿勢が大切です。

景気が悪くて会社の業績が悪いという状況は、それだけ自分たちの筋肉トレーニングの成果が試されていると考えるのです。すべての場において、景気が良いときには良いときの学びがあり、悪いときには悪いときの学ぶべきものがあるのです。

つまり、景気が良いときには「忙しい」という筋肉が鍛えられ、不景気のときは「どうやったら売れるか（儲かるか）」と考える筋肉が鍛えられるのです。

景気のいい時も悪い時も両方経験するほうが成長できます。

「今は百年に一度の筋肉トレーニング中だ」と考えましょう。

すなわち、これ以上きつい筋トレはもう百年はないということです。今の状況は実はありがたいことであって、20代のいま、これを経験しているということは、残りの人生、筋トレの効果が発揮でき、怖いものなし！になるでしょう。

金言

百年に一度の危機を乗り越えたら、あとは楽勝！

僕はつまらないです

3

雑用ばかりで、仕事が面白くないです。

こう考えよう

どのような仕事にも意味がある。何事も突き抜けたら一流。

「コピー取りなんて仕事じゃない。つまらないし、かっこわるいよ」

このように思っていませんか。

かっこいい、悪いというのは、自分の中で「この仕事がかっこいい、こうすることがかっこいい」と勝手にイメージして決めつけているに過ぎないのです。

3年やって飽きましたとか、仕事とはそういうものではありません。仕事における専門性というのは時間をかけて修得するものです。つまり、極めるところまでやっていないのにあきらめてしまうのです。

たかだか1、2年の経験ですぐにできるものは専門性ではありません。5年、10年かかってようやく身につくから専門性なのであって、1、2年でできるものならば、その仕事は誰にでもすぐに身につけられるものなのです。

だから、かっこいい、悪いで仕事をするのではなく、その仕事をどれだけ深く掘り下げて取り組むことが出来るか。ただ単に「見た目やイメージ」でやっているのではなく、プロフェッショナルの意識をもって仕事をしているかどうかが大切です。

「ガラス面が汚れていないか、この資料の濃度は『普通』でいいのか」

コピー取り一つを取っても意味があります。それを極めたプロがする仕事は、コピー取りでもとてもかっこいいのです。

お金をもらって働いていたらプロなんだと単純に考えてしまいがちですが、そうではありません。一つのことを長く深く極めているからプロと言うのです。

イチローも30年以上毎日、バットを振り続けています。「コツコツと努力し続けること」それが成功するただ一つの最短の道のりです。

金言

コピー取り、ティッシュ配りでもプロフェッショナルは断然かっこいい！

僕は悩んでいます

4

上司が仕事を教えてくれません。このままで自分は成長できるのでしょうか？

こう考えよう

いい上司でも、悪い上司でもあなたにとって必ずプラスになる。

「同僚の上司は丁寧に仕事を教えているのに、うちの上司は全然教えてくれない」

このままではいつまでたっても仕事が覚えられず、自分だけが周りから取り残されてしまう…。

こんなふうに上司から仕事を教えてもらえないと覚えられない、成長できないと考えるのは、環境依存度が高い証拠です。

「教えてもらわないと育たない」というのは、「いい上司にめぐり合わないと、僕は育ちません」と自ら主張しているのと同じことです。

仕事を教えない上司ならば、自分から進んで聞きに行ったり、動こう！と考える自発的な筋肉が鍛えられ、仕事を教える上司ならば、その上司のやり方を学んで動く従順的な筋肉が鍛えられます。

今のあなたはその環境や状況に反応しているに過ぎないのです。周りの環境に文句を言うのもあなた次第であり、その環境を成長の糧と受け止められるかどうかもあなた次第です。キャリアアップを望むも望まないもあなた次第なのです。

たとえば、ＯＪＴで仕事の型を教えるのが上手な会社は、早く仕事を覚えられ、一見いいようにみえますが、実は、そのパターンでしか仕事ができないようになってロボット社員化してしまうという問題があります。

ところが自分で考えながら仕事をすると、最初はなかなかうまくいかないけれども、考えるという筋肉が鍛えられ、いろいろな場面に対応できるようになります。

つまり、いい上司でも、悪い上司でも、あなたの環境依存度をなくし、自ら考え行動できるようになることでプラスになるのです。

自分の成長を望むも望まないも、あなた次第

僕はもう嫌です 5

こんな会社だとは思わなかった！もうどうしようもないですよ。

こう考えよう
目の前のことが現実。勝手に会社に理想を持った自分の責任。

「こんな会社だとは思わなかった！」

社長はワンマンだし、上司は自分の立場ばかり気にしているし、周りもやる気がないし。入社1、2年も経つと、このように会社の不満や嫌なところが見えてくることもあります。

自分が思い描いていた理想の姿と目の前の現実があまりに違いすぎて、そのギャップに驚き、とまどい、やがて「もうどうしようもない」と諦めてやる気をなくしたりします。

しかし、「会社とはこういうものだ」「上司とはこうあるものだ」と勝手に理想を描いていたのは自分であって、会社としては、あなたの理想と現実の違いまで責任は取れません。

また、それを会社のせいにして何の得があるでしょうか。そうすればあなたが思う理想の会社に変わるのでしょうか。

たとえば「私、男運が悪いんです」と言いながら、また同じような男性を選んでいるあなたが悪いのであって、会社が悪いといいながら、その会社を選んだのは実は自分自身なのです。さらに、自分のことは棚に上げてグチばかり言っていませんか？

会社や上司の悪口を言って損をするのは自分です。学生時代は気の合う友人とだけ付き合っていれば良かったですが、社会人になると年齢、環境、様々な自分と異なる人たちと一緒に仕事をしていかなくてはなりません。どのように会社や上司とうまく付き合っていくかを考えたほうが自己成長につながります。

「理想と現実」といいますが、目の前の現実から逃げて、自分の理想ばかり追っていると、いつまでも同じ間違いを起こします。

金言　上司や会社の悪口を言って損をするのは自分

僕は納得できない 6

いい大学を出た同期が、いい部署に配属されています。やっぱり学歴ですか？

こう考えよう

今目の前の現実の結果は正しい。いま何をすべきかが重要。

新人研修が終わり、いよいよ配属先が発表される。結果は…。

一流といわれる大学を出た同期は、人気のある部署に次々に配属されていくのに、自分は行きたくなかったところに押しやられたようだ。早くも差をつけられたようで面白くない。

「やっぱり学歴ということ？」

学歴とは結果です。何の努力もしない人が東大に合格するというのは不公平ですが、必死に勉強して努力したからこそ東大に行っています。

私は若い人たちにいつも言うのですが、今、目の前にある現実の結果は正しいのです。結果が出ないというのは努力や意欲が低いからです。

意欲が低い→意欲が出ない行動を取る→だから結果が出ない

過去に自分を追い込んで努力してきた人は、今そのご褒美をいただいているのであって、過去に手を抜いてきた人は、手を抜いただけの結果を今味わっているのです。

たとえば、自分の体型がポッチャリしているのは、昨日今日急にそうなったわけではなく、過去に暴飲暴食を繰り返してきたからです。だから現在の姿を見れば、今までの過去の食生活がわかります。

一番重要なのは、1年後10キロ痩せるという目標ではなく、そうなるために今これから何をすべきか、どう考えるべきかということです。つまり今が重要、現在どうあるべきかが重要なのです。目標や夢などは結果に過ぎないのです。今すぐ暴飲暴食をやめれば目標に近づいていきます。そうすると、意欲が湧き、結果がでる行動を取るようになります。

金言

今のあなたは、過去にあなたが積み重ねた行動の結果

僕は悩んでいます

7

こんな仕事をずっとやっていても先が見えません。

こう考えよう

この先どうなるか、その結果は今の積み重ねで決まる。

「昨日も今日もずっと電話でセールス。全然売れないし、こんな仕事ばかりしていてこの先どうなっちゃうんだろう」

毎日同じことを繰り返すだけで、全然自分が進歩していないように思えて仕方がない。気持ちが焦るばかりで仕事もうまくいかない。

前頁と同じですが、だからこそ今をどう生きるかが大切なのです。

自立・自責、会社は自分が成長するための筋肉トレーニング事務所という認識で前向きに取り組み、腐らない心を持つことが未来の自分をつくるのです。

「こんな仕事をずっとやっていても先が見えない」と悩む前に、「こんな仕事」と言っている時点で今の仕事にしっかり取り組んでいないということになりますから、先が見えるわけがありません。

この先どうなるかという将来ばかり見ていても状況は改善しません。結果というのは今までの行動の積み重ねで決まるものなのです。今、目の前の仕事に取り組んで努力していない人に結果が出るわけがありません。結果が出ないことを他責（人のせい、周りのせい）にしてはいけません。

たとえば、売れないのは商品が悪いからと文句を言うのではなく、どうやったら売れるかを考えるのが仕事です。

売れないのはなぜか、どうやったら売れるようになるかを考えさせてくれる、自分を成長させてくれるいいトレーニングの機会なのです。自分が実力をつければ商品は売れるようになります。そういう意味で不景気は自分に実力をつけさせてくれるいいチャンスなのです。

金言

今の行動の積み重ねが未来をつくる

僕はこう思います

8

プライベートの時間って、仕事より大事ですよね。

こう考えよう

仕事に使命感を持つとかっこいい。仕事が楽しいと思える人は幸せ。

私は人生の中で3分の1がプライベート、3分の1が仕事、残りの3分の1が睡眠と分けています。睡眠中は何もしていない時間と考えると、プライベートで幸せになるというのは50点満点です。仕事も50点満点しかなくて、両方で100点満点です。

つまり、寝ている以外は起きている時間ですから、仕事が趣味にならなかったら何のために、何の楽しみがあって仕事をやっているのでしょうか?

人生で職業を持たなくていい、仕事をしなくてもいいという人は、生まれながらに超セレブのごくごく一部の人です。99%以上の人は生きるために働かないといけません。

仕事をせざるを得ないということは、すなわち人生の3分の1を仕事の時間に充てているわけですから、これが趣味でなければ不幸せです。たとえば、阪神ファンでもない人が甲子園球場でずっと阪神を応援させられているようなものです。阪神ファンは夕方4時に球場に来ますが、嫌々応援しなければならない人は6時を過ぎてから来ます。

つまり、仕事を「やりたい」と思っている人は成長でき、「やらなければならない」と思っている人は成長できません。好きこそものの上手なれです。好きになれば仕事をすぐに覚えられます。

家に帰ってから頭に覚えさせようとする人は、仕事が嫌になっているロジックです。まず仕事を何よりも好きになるということが一番重要なポイントです。私たちは人生の3分の1仕事をやらざるを得ない、仕事に向き合わざるを得ないのです。ならば人生の楽しい時間を多く持つために、まず、仕事を好きになりましょう。

金言

仕事が趣味で何が悪い！仕事が楽しい人生は最高だ

僕は不満です

9

今の会社じゃ、自分の才能を活かすことができないと思います。

こう考えよう

自分に向いている仕事を待っていても一生めぐり合うことはない。

私が一番嫌いな言葉、それは「才能」です。

才能というのは、生まれ持ったものということで、両親の遺伝等のせいにして努力しない人が多いです。

「柘植《つげ》さん、あいつ能力ないですよ」私はよく次のことを言います。

「何を言っているんだ。僕らはオリンピックを目指しているんじゃないぞ。日本で何人が働いていると思う？ 6000万人だよ。その中で一番を取ろうとしているんじゃないよ」と。

だから才能のせいにしないで下さい。才能がないから…という前に、目の前の仕事を極めましょう。

転職したいという気持ちは、自分でその会社を選んでおきながら、それを続けられない自分の弱さからくるものです。

それをこの仕事は私には才能が無いから、向いていないと都合のいい理由をつけてベクトルを外に向けて、問題を先送りにしているに過ぎないのです。

自分に向いている仕事なんて、すべての職業を経験しないかぎり一生めぐり合うことはありません。自分の選んだ仕事を極めていく中で、自分の特性はどういうものかを見極められるのであって、それを単純に才能があるから向いている、才能がないから向いていないと簡単に結論をださないで下さい。

私は「中学校のときにやった部活は何？」とよく聞きます。「バスケです」「なぜ？」「周りがやっていた、先輩がやっていた、流行っていた」。しょせんその程度であり、才能が本当に自分にあって向いていたかどうかなんてわからないものなのです。

金言

才能のあるなしよりも、目の前の仕事を極めよう！

僕はこう言いたい 10

週末はボランティアで忙しく、休日出勤なんてできません。

こう考えよう

ビジネスのほうが100倍厳しい。一人前になるまでは修行。

誤解されるといけませんので、ボランティアを否定しているわけじゃないことを最初にお断りしておきます。

私たちは社会にでれば、経済の中に組み込まれていくことになります。ですから、たとえば親からお金を借りていて、そのお金を返してもいないのに、ボランティアをするというのは、順番が違います。それは偽善です。

自分の仕事を極めた人、一人前になった人がボランティアをするのと、自分の仕事を中途半端にし、ボランティアを行うのとでは大きな違いがあります。

自分の本来の仕事を一生懸命やり、ボランティアも一生懸命やりましょう。職業を選択する権利はあっても、職業を中途半端に放棄する権利はありません。

私は期待値の話をよくします。それは、お金をもらうと期待値が上がり、お金をもらっていないと期待値が下がるという話です。

たとえば、駅前で掃除をしていて「何やってるの」と尋ねられ、「ボランティアで掃除をしています」と言うと「偉いですね」と褒められます。ところが、お金をもらいながら「仕事で掃除をしています」と言うと、「あそこも汚れてるじゃないか。ちゃんと掃除しとけ」と返されてしまうのです。

このようにお金をもらう＝仕事となると相手の期待値がぐんと高くなるのです。

地震が起きたときにボランティアが来ると喜ばれますが、警察や消防がなかなか来ないと非難されます。それは仕事（お金をもらっている人たち）だからです。すなわち、わざわざボランティアをしなくても仕事は立派に社会貢献していることになるのです。

金言

新入社員の間はボランティアに一生懸命になるな！

僕は嫌なんですよ

11

オフィスは汚いし、駅から遠いし、これじゃあ仕事する気になれないですよ。

こう考えよう

自立自責の考え方が大切。「ビニールハウス症候群」になっていないか?

ビニールハウス症候群の人は、環境のいい、手入れの行き届いたビニールハウスでぬくぬく育てられたいと考えます。まさに他責依存型の人です。

では、A君とB君を、ひまわりの種にたとえて解説します。A君は自立・自責型で、B君は他責・依存型です。

さあ種が砂漠にばら撒かれました。B君は何と言うでしょうか。

「ちょっと待ってください。僕こんな熱くてサラサラの土じゃ無理ですよ」

こうして心が折れてやる気を失い、他人のせいにして、咲かなくなります。咲かなくて損をするのは誰か、それはB君自身です。

一方、心が強いA君は「自分はこの状況で試されているな」と考えます。

今のままでは芽が出ないから、自分自身が変わりなさいと言われているんだなと考えます。つまり、ひまわりじゃなくてサボテンのように変われば厳しい環境の砂漠でも育ち、花を咲かすことができるのです。

このようにビニールハウスでぬくぬく育つか、何もない砂漠でたくましく育つか。つまり、どちらが自分にとって強く生きられるのか。これが自立自責型の人の考え方です。

え?ビニールハウスのほうがいい?でも毎日世話をしてくれる農家の人が突然病気になって、明日から来られなくなったら…。台風が来てビニールハウスが飛ばされたら…。

環境に左右されず、是非、自分の力でたくましく生きていける人になって欲しいのです。

金言

ビニールハウスの温室栽培で育つのか、砂漠の雑草となるのか

僕はこう思います

12

仕事って「お金」よりも「やりがい」のほうが大事じゃないですか？

こう考えよう

「仕事くん」「お金くん」「経済くん」の3人とどう付き合うかを考えよう。

私が新入社員によく話をするのは、先ほども出てきましたが、「仕事が趣味で何が悪い」ということです。

好む好まざるに関わらず、私たちには仕事をしないでいいという権利はありません。生きていくためには働かなければいけません。仕事をしなければいけないのです。

4月1日がきて新社会人になったら、3人の友達がやって来ます。

誰かというと、まずは「仕事くん」という友達です。仕事くんはみんなを鍛えるために色々ないたずらを仕掛けてきます。たとえば、配属先にさっそく嫌な上司がいたというケース。この嫌な上司とうまく付き合っていくという筋肉が鍛えられれば、この先どのような部署へ配属されても仕事ができます。それだけの筋肉が心と体についてくるからです。

すると「仕事くん」は「お金くん」と大の仲良しですから、今度は「お金くん」が急に近づいてきます。すなわち給料です。「仕事くん」とうまく付き合うことが出来れば、その後には「お金くん」が会いたいと待っているのです。

そしてたまに「経済くん」がいたずらをします。「経済くん」とは景気のことです。彼がいったん怒ると不景気になり、「仕事くん」や「お金くん」の付き合いが悪くなっていきます。つまり、仕事が減って給料が下がります。

だからお金儲けなんか嫌いだという人よりも、「仕事くん」と遊びたい、仲良く付き合いたいと思っている人のほうが成長するのです。つまり「仕事が趣味」になるのです。

まずこの3人とどううまく付き合っていくかを考えるのが社会人です。

金言

「仕事くん」「お金くん」「経済くん」と上手に付き合おう

第2章

会社・仕事との向き合い方

僕は納得できない

13

自分の上司は同僚の上司より厳しくてキツイです。これって損ですよね。

こう考えよう

中学・高校の部活動を思い出せ。一年生が一番キツイ。

「この前のあれ、どうなった。まだできないのか！」

「すみません、もうちょっと…」

「おいおい、一体どうなってんだよ！」

自分の上司は、何かにつけて厳しいし、すぐ叱る。なのに、同僚の上司はいつもニコニコ顔で叱ったところを見たことがない。

「あーあ、あの人が上司だったらなあ」

上司は部下を選べるが、部下は上司を選べません。これが会社というものです。

自分の上司は同僚の上司より厳しくてきついなんて素晴らしいじゃないですか。あなたにとって最高の上司です。

なぜか？　嫌な上司ほど自分のいい筋肉が鍛えられ、実力がつくからです。

叱られることで、「なぜ叱られたのだろうか。ああ、こうしたからか。それじゃあダメなんだな。次はちゃんとやろう」と考えるようになり、自然に体が反応していくようになります。それはあなたに筋肉がついてきた証拠です。

そして今のうちから嫌な上司のもとで仕事ができるようになったあなたは、この先どこの部署に配属されても、どんな上司ともスムーズに仕事ができるという筋肉がついていますから、怖いものなしです。

こうした筋肉痛は、その後のビジネスマン人生においてありがたい経験なのです。

金言

若いうちは仕事の筋肉痛を楽しもう

僕はがっかりです

14

入社前はいい会社だと思ったのに、いざ入社してみたらがっかりです。

こう考えよう

嫌だと思う人もいれば、そうじゃない人もいる。それがわかれば視野が広がる。

これは恋愛に例えれば、「付き合う前はいい人だと思ったのに、いざ付き合ってみるとがっかり」というのと同じです。

相手や会社に勝手に期待していた自分が悪いのであって、それよりもどう上手く付き合うかを考えるほうが建設的であり、他責（相手のせい）にすることは何のメリットもありません。理想の会社にめぐりあうまで転職を繰り返しても、あなたの期待通りの会社はありません。

長い人生いいこともあれば悪いこともあって当然です。だからいいことがあれば幸せ、悪いことがあれば不幸せと短絡的に考えるのはやめましょう。

あなたにとっていいことでも、他の人にとっては別にそうではないかもしれません。

いつもあなたの考え方が正しいということもないし、周りの人が皆、あなたと同じ意見だということもありません。

会社は生き物です。経済・環境に合わせて変化していくものです。そうでなければ、この厳しい時代に生き残っていけません。入社前は悪い会社だと思ってたのが、逆に良くなることもあるのです。

いつも自分の価値観で物事を見るのではなく、会社には様々な考え方の人がいるということを理解しましょう。それがわかれば物事を客観的に捉えられ、自分の視野も広がります。

金言

会社のリアルを楽しもう

僕は不思議です

15

何で最初から本音で話さないんですか？

「僕、すごいケチですけど付き合ってくれますか」

「私、お金遣いが荒いんですけど付き合ってくれますか」

こう言われて「素敵。喜んで！」と付き合う人はいるでしょうか。

また、ファーストフード店で店員から「お客様、こればかり食べるとメタボになって体によくないですよ」と言われて、喜んで買う人はいるでしょうか。

こう考えれば分かると思いますが、すべての商品、すべてのサービス、すべての人間関係で最初に悪いことをいう人はいません。

「うちの製品、実は欠陥だらけなんですが、言わなきゃわかりませんから」

などとセールストークを使う営業担当者はいません。

こう考えよう

すべてにおいて最初に悪いことを言う人はいない。それがマナー。

このように人間は最初から自分の欠点や悪癖をさらけだすことはしません。相手と打ち解けてから「実は…」と切り出すのが普通です。

それを「大人ってやり方が汚い。理不尽だ」と捉え、嫌と考えるのではなくて、それが人間としての思いやり、マナーだと理解して仕事に向き合いましょう。

たとえば友達と遊びに行くときでも、本当は行きたくないと思いながらも仕方なく付き合ったことがあるでしょう。「(本当は行きたくないけど)約束しているから」。それも考えてみれば理不尽で、最初から本音を話していませんね。

だから、会社や社会では理不尽なことがあって当たり前です。

金言

最初から本音で話さないのは、大人のマナー

僕は耐えられない

16

会社説明会で言っていたことが、嘘ばっかりです。

こう考えよう

自分に対してクレーマーになれば成長できる。

「会社説明会で、ものすごくいい会社だと思って入社したのに……」

これはあなたが勝手に思い描いた理想の会社・理想の上司像に過ぎません。経済の流れに対応して会社は、絶えず変わっていきます。

人も同じです。最初に出会ったころから少しずつ変わっていきます。「あんな人だったっけ」。人も自分も絶えず変化しているからです。会社説明会で話していた人とあなたの上司が違う人ならば、なおさら話が違っていて当然です。

また、この不景気で「えー」と思うようなことがいっぱいあったはずです。これは「経済くん」の仕業なのです。「経済くん」はまさに理不尽であり、彼のおかげで理想も現実も変わっていきます。

いちいち自分の理想に照らし合わせて、違っているからダメ、他人に対して完璧じゃなければダメというのは、周りや環境のせいにしているだけのことです。それよりもまず自分が変わらなければ、いつまでたっても、文句ばかりの人生になります。

クレーマーは、会社にとって耳が痛いことを指摘してくれます。しかし前向きに捉えるとクレーマーは新しい視点や考え方を提供してくれるその会社とお客様を良くしていく教育者なのです。だから自分に対してクレーマーになりましょう。そうすれば自分が成長していくでしょう。

周りや環境のせいにしないで自分がまず成長していくというのが自立自責の考え方です。

金言

理想の上司、理想の会社なんかどこにもあるわけがない！

僕はこう思います

17

挨拶ができなくたって、仕事ができれば文句ないじゃないですか。

こう考えよう

若い社員には社会人としてのマナー、基本の徹底が求められている。

私は研修でよく「期待値」の話をします。

期待値とは、あなたの周りの人（上司や先輩、取引先等）があなたに「こうなってもらいたい」「こういうことをしてほしい」と期待する度合い、幅のことです。その印象や結果で評価を行っているのです。

その内訳は、期待値どおりで当たり前、期待値を下回るとクレーム、期待値を上回ると感動すなわちリピート、となっています。

お客様からお金をいただくことで成り立つビジネスの世界は、この期待値で動いています。

今のあなたには周囲からあなたへの期待値があります。20代には20代の期待値があり、30代には30代の期待値があります。

たとえば結婚に当てはめてみると、10代で結婚します。「早いね」20代で結婚、「まずまず普通」30代で結婚、「いいんじゃない」40代で未婚、「そっか…」50代で初婚、「えー！」おそらくこういう反応になります。

すなわち年齢によって周りは評価を変えていくのです。同時に、年齢に応じてできること、できないことがあります。

だから自分に求められている期待値がわかっていないと、「おいおい、仕事ができたら何をしてもいいのか」と言われることになります。

仕事をする前に、一人の人間として当たり前のマナーと、周りからどんなことを期待されているのかを考えることが大切です。

金言

自分は何を期待されているかを考えよう！

僕は納得できない

18

会社はいっぱい仕事を押し付けてくるのに、全然給料が増えません。

こう考えよう

いっぱい鍛えてもらっているうえに給料ももらえるのだから、喜ぶのが当たり前。

会社では本来の仕事以外にもいろいろな業務、ときには「これって単なる雑用？」と思えることを指示されます。

それを「なんでこんなことまで？」「これもやるんですか？」と不満が高まり、ふて腐れてやる気を失っていく。文句を言ってやる気を失ったときは、まず給料を返しなさい。

自動販売機にお金を入れました。ボタンを押しました。品物が出てきません。当然クレームになります。そのとき自販機はこう言いました。

「僕、今日やる気がないんですよ」

これでビジネスが成り立つでしょうか。この場合、まずお金を返してから「すみません、やる気がないので」と謝るべきです。

お金をもらった時点でやる気がない、そんな自販機、ないですよね。ですから、ビジネスでも、やる気によってパフォーマンス（成果）を変えることは社会人として半人前です。

パフォーマンスが下がっているのに給料が増えないと言うのはおかしいのです。自販機でもそんなこと言いません。（挨拶する自販機はありますけどね）

もし文句を言うのなら、まずお金（給料）を返してから「すみません、やる気がなくて」と潔くするのが仕事のプロフェッショナルです。

金言

会社に文句を言うのなら、まず給料を返してから

僕は不満です

19

入社したばかりなので、もっと教育してくれないと困ります。

こう考えよう

今は給料をもらいながら教わっている。教えてほしいなら、その分、授業料を払え。

イメージしてみてください。

会社という枠組みがない中で、自分一人でビジネスをやったときに、いったいいくら稼げるでしょうか。会社組織に属さず、ただ一人街の中に放り出されたとしたら…。

新入社員時代は、お金儲けの筋肉はいっさい付いていません。だから1円だって稼ぐことができない。誰かに雇われて、販売する環境を整えてもらわないと稼げないのです。

だからあなたは誰かに雇われて毎月給料をもらっています。毎日仕事の筋肉を鍛えさせてもらっています。これはすごく幸せなことです。しかも厚生年金やその他いろいろ会社に負担してもらっているのです。

そんなことも知らずに一方的に「教育して欲しい」と会社に言ってはいけません。あなたのご両親があなたをここまで育てるのにどれだけお金がかかったかを経験もしてないのに、「勝手に産んだくせに」なんて口が裂けても言ってはいけません。

一般的に正社員の生涯賃金はおよそ2億円といわれます。それだけ高い買い物を企業がしているのです。それにもかかわらず「会社は教育してくれない」というのは会社泣かせです。

会社は教えてもらわないと何もできない、何も稼げない新人であるあなたに、毎月きちんと給料を払っています。お金を入れても何も出てこない自販機にお金を入れ続けるのと同じです。

今は何も出せないのだったら、せめて成長して将来必ず結果を出そうという気持ちを示さなければいけません。

金言

あなたは知っているのか？
会社があなたにかけているコスト

僕はこう思います 20

会社ってルールが細かくて面倒くさいですよね。

こう考えよう

会社は様々な価値観を持った人間の集団。ルールが無いと会社というチームの力が発揮できない。野球のチームにルールがあるように。

肩書きから呼び方、座る席順、伝票や書類の書き方、ホウレンソウ（報・連・相）等々、会社には仕事を円滑に進めるためのマナーやルールがたくさんあります。

何度も繰り返しますが、会社はビジネスの筋肉をトレーニングする場所です。だから色々なことを勉強させてもらったほうが成長できます。

たとえば部署が異動すればそれまでとは環境が変わります。扱う商品が変わり、仕事のやり方が変わり、お客様が変わる。すなわちこれまでと違うところの筋肉が鍛えられるということです。

今の若い人たちを見ていると、若いうちから自分の枠を決めつけてしまう人が多いです。

会社はさまざまな部署から成り立っています。勝手に自分の枠を決めて、ルールを守らずに行動する人ばかりだと、会社は成り立たなくなります。野球がチームを作り、戦うように、会社というチームに属し、ライバル会社より良い商品やサービスを提供できるよう競うのです。

与えられた環境をすべて利用していろんな仕事を経験させてもらううちに、自分の新しい枠ができたり、本当に向いてる仕事に出会うこともあるのです。

会社のルールが守れないのは、チームの一員として失格です。

金言

会社というチームの一員としてルールを守りながら、会社をとことん利用せよ！感謝の気持ちを忘れずに

僕は不満です

21

「案を出せ」って言うくせに、案を出しても全然採用してくれません！

こう考えよう

他責にしても何も解決しない。自分に落ち度が無かったか振り返ってみよう。相手の立場で考えているか？

「案を出しても採用されない」

とふて腐れ、自分の案を採用しない上司が悪い。上司は無能だと一人毒づく。

これは自分の結果が出ないことを他責にしています。採用されないのは何か他に原因があるのです。

案を採用してくれない上司が悪いといったところで何の解決にもなりません。この場合、上司を替えるしかありませんが、そんなことを会社がするはずがありません。

案を採用しない上司にベクトルを向けるのではなく、案が採用されない自分の未熟さにベクトルを向けて、そこをトレーニングするほうが確実に成長できます。

「案が求められていたテーマとズレていたのでは？」

「上司が忙しいときに都合を考えず、案を持っていったから？」

このように冷静に振り返れば自分の落ち度が見えてくるはずです。

本当に必要なら上司は話を聴いてくれます。筋肉を鍛えていけば、「お、あいつ成長したな」と感じてくれるのです。

つまり、案を採用してくれないのは、上司が悪いからと他責にした自分の姿勢や意欲の問題なのです。

意欲が低いとそのまま行動に表れ、それが結果につながります。そして結果に出ていないから上司は話を聴かないのです。

だから話を聴いてくれなかったら、一度自分の姿勢や意欲を振り返ってみて下さい。

金言

本当に必要な案なら、上司は話を聴いてくれる

僕はこう思います

22

いまどき育児休暇制度がない会社って、やっぱりダメですよね。

こう考えよう

周りから評価される人材になろう。腰掛けで働いていては生き残れない。

「うちの会社は賞与も低いし、福利厚生なんて全然ないのと一緒だよ」

こんなふうに自分の会社の福利厚生や人事制度について、あれがない、これがないと不平不満を口にしてませんか？ 学生時代の友達に会ったときにも言ってませんか？

ここでは育児休暇制度がなくて不満だと言っています。しかし、その会社を選んだのは自分であって、その会社には制度がないという学びがあるわけです。

「なぜこうした制度がないのか？ 何か理由があるのか」

逆に育児休業や介護休業制度がある会社は、あるという学びがあり、そうした会社に入れなかったのが不満というのなら、それは自分自身に原因があります。

だから福利厚生や人事制度が充実している会社に行けるように、自分の意欲を高め、行動すれば結果がでます。そうした会社に行けなくても、意欲を高めていけば、今の会社からも「きみには結婚、出産後もうちで働いてほしい」と自然に声がかかるはずです。不平不満を言う前に、会社からこのように言われるような人材になりましょう。

たとえば、120円を入れたら商品が2本でてくる。500円を入れたらお釣りが多くでてくるような自販機だったら誰も手放しません。120円入れて120円のものしか出さなかったら、別にどの自販機で買ってもいいのです。

辞められたら困る、あなたにしかできない仕事があるという人になれば、会社は制度をつくってくれるのです。

金言

結婚、出産後も働いてほしいと言われるようになれ!

僕はやりましたよ

23

契約が取れました！僕ってやっぱりスゴイですよね。

こう考えよう

周りからの評価が絶対。会社のブランドや先輩の努力に感謝せよ！

誰でも初めて契約が取れた、商品が売れたときは、うれしいものです。

「やった。スゲェ。俺って才能あるかも」

と自分で自分を誉めたくなります。

でも、少しだけ考えてみてほしいのです。その契約、本当に自分の力だけで取れたものなのでしょうか。

景気のいいときは誰でも契約が取りやすいし、景気が悪いときはベテラン営業担当者でもなかなか契約が取れないものです。だから状況に応じてトレーニングのやり方を変えていく必要があります。

今回うまくいったのは、たまたま相手がその商品を欲しいと思っていたからかもしれません。そして、たまたまあなたが担当だっただけのことかもしれません。つまり、誰が担当しても契約が取れたということです。

また、それまで地道に先輩たちが交渉をしてきて、機が熟したときに先方が電話をかけてきて、あなたがそれを取ったのかもしれません。その場合、本当の契約者は先輩ということになるでしょう。

つまり、一番重要なのは、自分の名前で仕事がもらえているかどうかということです。

「○○さんだから契約したよ」

とお客様から言われるようになって初めて、トレーニングの成果が表れるのです。

名指しで仕事がこない間は、まだまだトレーニング中です。

ドラフト会議にかけられるような人間になりましょう。

金言

あなたに名指しで仕事がきて初めて一人前

僕は納得できない

24

今の仕事だったら、もっと給料が高くてもいいはずです！

こう考えよう

給料の3倍の粗利益を稼いでこそ一人前。給料は周りが決めるもの。

「これだけ働いているのに、こんな給料じゃやってらんないッスよ」

思わずこう言いたくなることもあるかもしれませんが、議論する前にどれだけ自分にお金（コスト）がかかっているかを知らなければいけません。したがって、まず正しい情報を持つことが必要です。

社員が何名だから給料の総額はいくら、事務所の家賃はいくら、といったように会社は毎月どのくらいのお金がかかっているかということをおおよそでも理解しましょう。そのうえで、自分がどれだけの働く環境・機会を与えられているかということを認識してください。

もし失敗してお客様に迷惑をかけても、叱られはしても殺されはしないし、何回もチャレンジさせてもらえますよね。

あなたを教え育てるのにかけたお金はどこに行ったのでしょうか？　あなたはその分をすべて回収して、会社に売り上げを貢献できたのでしょうか？だから多少うまくいったからといって、仕事量が多いからといってすぐ給料を上げて欲しいと堂々と言えますか？

給料は周りが評価してくれて上がるもので、自分で上げるものではないのです。

「きみの給料って（働きぶりからすると）安いよね」と周りから言われたとすればそれが本当の評価なのです。

周りの評価が給料を決めるのであって、自分で高いか安いかを決める必要はないのです。一般的に、正社員の時給はパートさんの2倍といわれています。あなたは（労働時間ではなく内容で）パートさんの2倍、働いていますか。

金言

あなたは自分の時給がいくらか知っているか？

第3章

上司や同僚とうまく付き合うコミュニケーション力

僕はこう言いたい

25

上司が全然仕事ができなくてまいっています。

こう考えよう

上司の仕事まであなたがやれるチャンス。多くの経験と本当の実力が身につく。

部下には何かとうるさくあたるのに、上にはイエスマン。

上から質問されると答えられず、すぐ部下に振る。

部下にすぐパソコンの操作を聞いてくる。この前教えたばかりなのに。

「はあ、まったくもう」

このような人を上司に持ったあなたは不幸？　いいえ、逆です。ろくでもない上司だから大歓迎なのです。上司がそうだからといって、同じように自分もろくでもない人間になったら負けです。腐ったら負けなのです。

ろくでもない上司であれば、ろくでもない仕事のやり方の学びがあり、反面教師としてそんな上司にならないよう今のうちから成果をあげられる筋肉が鍛えられ成長できると考えましょう。

では、いい上司だったらどうでしょうか。誰にでもいいパフォーマンスができるという筋肉が自然につきます。そして、ろくでもない上司がきたときでも、結果パフォーマンスを上げられるようになれば、それは自分で鍛え上げた真の実力がついていることになります。

だから、いい環境でなければ鍛えられない、育たないというのは間違いであり、悪い環境になればなるほど自分を成長させてもらえるという考え方がとても大事なのです。

ろくでもない上司がきたら、上司の分まで仕事をさせてもらえるチャンスです。他の部署の同期の人ならできない多くの経験と人脈と実力が身につくので誰よりも早く成長できるかもしれません。

金言

ろくでもない上司だったら喜べ！

僕は不思議です

26

社長は接待とか出張とか、経費を使い放題ですよね。

こう考えよう

社長は自由を得ているように見えるが、先頭に立ち皆の責任を背負っている。

「社長っていいですよね。別に会社にいなくてもいいし、夜は接待で好きなようにお金を使ってるし」

社長は自分たちとは立場も役割も違うのだろうけど、いまひとつよくわからない。はっきりしているのは、やたら接待が多いということ。

こんなふうに社長のことを捉えていませんか。「社長は経費使い放題」といいますが、逆に会社が倒産したら社長は無一文になってしまうのです。

それでいうと社長のリスクとリターンはバランスが合っていないですよね。そのように見ようとせず、ただ会社の経費を使っているという一面だけを見てます。それでは物事の本質を捉えていません。

たとえば、休日の父親の姿だけを見ている息子みたいなものです。お父さんが昼間一生懸命働いているところを見たことがありますか?会社の中の社長は、休日のお父さんとよく似ているかもしれません。

だから、いったん外に出たときの社長の姿、行動をしっかり見てもらいたいと思います。見えないところで一生懸命会社のために動いているはずです。

社長は会社のお金で飲み食いしているのではなく、会社にとって必要な人間関係人脈をつくっているのです。子どもの視点で親を判断する前に、なぜ接待が必要なのかということをまず学ぶべきです。

学ぶ心があれば、接待が重要なのだということがわかります。

金言

社長は常に社員であるあなたの責任を背負ってくれている

僕はもう嫌です 27

上司とまったく気が合いません！

こう考えよう

どれだけ自分のことをわかってもらうために努力したか？

『以心伝心』という言葉があります。声にださなくてもお互いの心、考えていることがわかるという意味です。

これは上司と部下の関係に当てはまります。あなたが上司と気が合わないと思っているならば、上司もあなたと気が合わないと思っているということです。

上司があなたのことをわかっていないという視点に立てば、あなたも上司のことをわかっていないのです。

お互いよくわかった者同士で仕事をするというのは、仲がいい者同士、気が合う者同士が友達になるのと同じことです。しかし、ビジネスの世界は決して仲がいい者同士だけで仕事をすることがないというところが逆に面白いのです。

たとえば、接客・サービス業では、自分の得意なお客様とは普通に会話ができる。それは得意なお客様とは話ができるという筋肉があるからです。

しかし、苦手なお客様と話そうとすると、ぎこちない会話になったり、思ったように言葉がでてこなくなります。

でも、苦手な人と話す筋肉が鍛えられれば、どんなタイプのお客様でも話せるようになります。そうすると販売力が上がるし営業力が上がり、給料も上がります。

社内においても同じです。自分とまったく気が合わない上司がきたら「この人はどういうふうに考えるんだろう」と、どう付き合うかを考えていくほうが自分の成長につながりますし、結果、営業力も高まります。

金言

上司はあなたのことをわかっていないのが当たり前

僕は悩んでいます 28

上司から目の敵にされています。

こう考えよう

愛があるから上司は叱る。自分はそれだけ期待されている。

特に失敗したわけじゃないのに、何か自分だけいつも叱られているような気がする。あの上司、どういうつもりなんだろう。

実は、叱られるというのは、すごくありがたいことなのです。

叱れば嫌われる、煙たがられる、うざがられると上司もわかっています。

では、なぜ上司はあなたを叱るのでしょうか。あなたは自分の問題点を指摘してもらっているということに気づかなければなりません。

上司はあなたを育てたいから叱るのです。指摘されている、それは自分をよくしてもらっているということです。育てたいという愛があるから叱るのです。愛の反対は「無関心」だといいますから。

したがって、目の敵にされているというよりは、自分のどこかに問題があるのだろうと考える視点と、実はありがたいことなんだと捉える姿勢が必要です。

叱るというのは期待の裏返しです。それだけあなたに期待しているからなのです。期待していなかったら叱りたいとも思わないです。上司が叱るのはすごく愛情があるからなのです。それに反発し、ふて腐れるのは愚かな行為です。

たとえば、通りすがりのおじさんのズボンのチャックが開いていたとしても別に指摘しないでしょう。でも、自分の父親のチャックが開いていたら「チャック開いてるよ」と教えてあげるでしょう。それは身内の愛情ある父親に恥ずかしい思いをさせたくないから、指摘するのです。

だから、叱ってくれたことに対して感謝する気持ちを持ちましょう。そうすれば、叱られた瞬間は反発してしまっても、後で「あのとき叱られたから今の自分がある」と思えるようになります。

金言 上司が叱るのは、あなたが嫌いだからではない

僕は不満です

29

上司が僕のことを理解しようとしてくれません。

こう考えよう

理解してもらいたいのなら、自分がまず上司を理解せよ。

あなた「僕ってこういう人間なんですけど、わかりますか？」

上　司「はぁ、何言ってるの」

こんなやり取りでは、そもそもコミュニケーションは成り立ちません。これだけで自分のことを理解してほしいと思うのはあまりにも一方的です。その前に、あなたは上司のことを理解しようとしているのでしょうか。

「こうしてくれない」「ああしてくれない」という前に、自分は上司に指示されたことをきちんとやれているのかどうか考える、これが第一歩です。

そして理解しあえているかの基準は、友達とクラスメイトの違いにたとえてみるとわかりやすいでしょう。

ホウレンソウ（報・連・相）のうち、クラスメイトにするのは報告・連絡で、相談は友達に対して行います。相談といっても実はたわいもない話が多いものです。でもそういうたわいもない話ができるから友達なのです。

どうでもいいような話ができる関係の友達とは、お互いに理解できるようになります。

上司の家庭を知る、子どもの話を聞くというのは、それだけ上司と話を理解しあえているということです。だから相手のことがわかるし、相談ができるのです。

自分（の身内）の話ができないのに、相手に自分のことを理解しろと言っても、無理なことです。理解されたいなら、まず先に相手を理解しましょう。

金言

上司の家庭を知ろう。子どもの話を聞いてみよう

僕は心配です

30

同期に相談すると弱みを握られたりしないでしょうか？

こう考えよう

同期は切磋琢磨する仲間。お互いに苦しみも喜びも分かち合うことで成長していく。

同期入社組とは内定者研修などで初めて顔を合わせることがあると思います。いわゆる「同じ釜の飯」を食べる仲になるのですが、その瞬間から自分のよき理解者であり、同時にライバルでもあります。

学生時代の同級生なら横並びに進級し、同時に卒業していきますが、社会人になるとそうはいきません。

入社後しばらくは同じように処遇されるでしょうが、数年もすれば能力に応じて評価に差がつき、それが昇進・昇格にも明確に反映されていきます。

同期には負けないという気持ちも大切ですが、同期と呼べる間柄は人生たった一度、最初で最後です。この同期を大切にできるかどうかがその後の人生において大きな意味をもちます。

たとえ何かの事情で同期の誰かが会社を去ることになっても、同期の絆は切れるものではありません。その意味では一生の宝物です。

本物の同期とはどういうものかというと、お互い嫌なこと、言いにくいことを率直に言ってあげられる関係かどうかです。すなわち、自分だけよければいいというのではなく、横で困っている人がいたときに、「お前、ちょっと話を聞いてやれよ」と言ってあげられるのが本物の同期です。

たとえばビジネスマナーの研修中、自分だけうまくできたからＯＫじゃなくて、もし同期がうまくできなかったら、彼はマナーの筋肉が弱いだけなので、一緒に鍛えてあげればいいのです。そして共にできたことを喜ぶ。それが同期というものです。

金言

同期はよき理解者であり、同時によきライバルだ！

僕は嫌です

31

同期の中に気に入らない人がいて嫌です。

こう考えよう

嫌いな人ほど克服すべき人。
学生のときとは違う。

入社式で横に座った同期。

「何だか付き合いにくそうな感じ。これからずっと一緒かよ」

せっかくこの会社で頑張ろうと思っていたのに、どんな同期がいるかと楽しみにしていたのに、その期待が打ち砕かれたようで初日から気分が落ち込む…。

これも新入社員特有の症状であり、筋肉痛と一緒です。

しかし、嫌な同期であってもどのようにうまく付き合っていくかを考えるのが社会人です。自分の気に入った人、自分と相性が合う人とだけ付き合ってよかったのは学生時代までです。この切り替えをしなければなりません。

社会人になって会社という組織に属すれば、学生とは立場が全然違います。責任も伴いますので、好き嫌いだけでやっていけるものではありません。

ですから、まず社内の人間関係をきちんと作らなければなりません。社内で自分の一番身近な存在は誰か、それは同期です。会社の全員を好きになれとは言いませんが、少なくとも同期のメンバーには苦手な人をつくらないようにするのが社会人としてのマナーです。

同期に気に入らない人がいるからといって、嫌だ、面白くないというのは、あなたがまだ学生のままということにほかなりません。学生気分が抜けきれていないのです。だったら社会人にならず学生のままでいいのです。ずっとアルバイトしていればいいでしょう。

金言

同期は一生でたった一度の仲間。どう付き合っていくかを考えよう

僕はこう思います

32

上司の前だからっていい顔する人は最低ですよね。

こう考えよう

上司の気分を良くするのも仕事のうち。上司に機嫌良く働いてもらおう。

たしかに上司の前で「いい顔」をする人はいます。

でも、上司の前で「嫌な顔」をする人は、もっと最低です。それは周りに迷惑をかけているからです。「お前のせいで職場の空気が悪くなっているぞ」と言われます。

そうなると、上司の前でいい顔をするというのは普通です。いい顔をされて喜ばない人はいません。上司に機嫌よく働いてもらうというのも部下の役割です。仕事は上司から指示され、与えられます。上司もお客様の一人です。

お客様の前でいい顔をするのはホスピタリティ（おもてなし）です。販売員の感情が曇っていたらそのままお客様の前で出してもいいのですか？　あなたがお客様だったらどうでしょうか。決していい気分にならないでしょう。

自分が思ういいものと、お客様が思ういいものとは違います。接客の時、「実はこの商品、あまりよくないんですよ」と言えるでしょうか。

評価はお客様が決めることであって、あなたが決めることではありません。

だから、上司に気持ちよく仕事をしてもらいたい、どうやったら上司が喜ぶだろうかと考えて行動するのもホスピタリティです。

わざわざ上司が喜ばないことを本人の前でやる必要はありません。上司を喜ばせることで、上司にあなたを育てたいと思わせる。そうすればあなたはどんどん成長していきます。

すなわちゴマスリがダメなのではなくて、ゴマスリぐらいできなくてどうするんだということです。ゴマスリができたうえで仕事もできる。これは最高じゃないですか。

金言

喜ばせ上手・教えられ上手が人生で得をする

僕は納得できない

33

上司って、部下でストレスを発散していませんか？

こう考えよう

完璧な人間なんていない。自分も完璧でないのに、理想ばかり求めるな。

正直、上司は部下でストレスを発散しているところもあると思います。

上司にも上司がいます。係長であれば課長が上司。課長なら部長が上司。部長なら専務や社長が上司になります。

売上げが上がらない、赤字部門になっているなどで、あなたの上司が役員会議で叱責されることもあるかもしれません。そして上司は席に戻るなり部下を呼びつけて、ああだこうだと叱るのです。

とばっちりを受けたと思うあなたは「自分は被害者だ」とふて腐れるのです。

これは、どの会社でも日常見られる光景です。

でもなぜ上司にそんなに完璧を求めるのですか。上司だって一人の人間です。イライラするときもあれば、人にあたることもあります。

あなたのご両親は一度もストレスを発散したことはないのでしょうか。どの親も一度は子どもにストレスをぶつけています。

だけど上司には完璧な人間を期待します。「上司は仕事上でも人間としても完璧で、失敗などするはずがないし、してはいけない」と一方的に期待するのは無理です。喜怒哀楽があるから人間らしいのです。

その前に、あなたは上司の期待に完璧に応えていますか。自分のことは棚に上げて人にばかり完璧を求める姿勢を改めなければなりません。

「自分は周りの期待に対してちゃんと答えられているのか」を自問自答してみてください。

金言

上司にばかり完璧を求めるな 自分はどうなのか？

僕はわかりません

34

ちゃんと報告したのに、「聞いてないよ」って意味がわかりません。

こう考えよう

上司が忘れるぐらいの報告しかできていないあなたが悪い。

そういう上司なのです。

にもかかわらず、毎回同じように報告をして、いつも失敗しているわけですよね。「聞いてない」「覚えていない」と言い返されて。

上司のタイプにはいろいろなパターンがあります。自分の上司はどういうタイプか、きちんと把握したうえで行動すればいいのです。

それを自分のホウレンソウのやり方で行うから失敗するのです。上司に報告する時は、上司の都合を優先すべきなのは当然です。

言い換えれば、宿題を忘れる人は、忘れないようにするために自分の行動を変えればいいのです。

「この件は報告しないでおこう」とか、「報告しないでも別に一緒だからいいや」とか自分の都合で報・連・相のタイミングを判断していませんか？

自分で判断しているようでいて、実は上司のしてほしい報告の仕方があるかもしれません。上司が忘れないような報告の仕方・タイミングをまず知ることです。相手の立場に立って仕事をするのです。

相手の忙しさや立場を踏まえた上で、報告の仕方を考えましょう。

金言

相手の立場に立って報告できるようにしよう

僕は不満です

35

なんで上司はちゃんと仕事を教えてくれないんですか？

上司は部下に仕事を教えるのが仕事。

上司は仕事を教えにきてくれるもの。

このように思っているとしたら、それはあなたが間違っています。

ちゃんと仕事を教えてもらえない原因が自分にあるのではないでしょうか。教えてもらえないから不幸せだと思う他責・依存型の考え方はやめましょう。

教えてもらえなければまず自分で考えるという筋肉が鍛えられるし、教えてもらえればその通りに仕事ができるという筋肉がつきます。

どちらも実は必要な筋肉であって、自分の期待に当てはまった上司じゃないと不幸、環境を整えてもらえないと不幸という考え方は社会人ではあり得ません。

こう考えよう

教えてくれない原因が自分にあるのではと考える。

社会にでるまでは、学校でずっと教えられて育ってきました。ですから教えてくれるのが当たり前という姿勢になっています。しかし、学校は生徒が授業料というお金を払っているから教えてくれるのです。

逆に会社は給料を与えてくれます。その上に教えてもらえないと困るというのは社会人として失格です。

少し考えてみてください。上司が教えてくれないというのは、そうなる原因が何かあるのではないでしょうか。「教えてくれない何か」があなたにあるのではないかと考えるほうが自己成長につながります。

言い換えれば、告白したとき「あなたとは付き合えない」と言っているのと同じです。相手が付き合ってくれないのは、あなたにそれなりの理由があるからです。

金言

上司が教えてくれないのも理由がある

僕はこう思います 36

部下を育てるのが上司の仕事じゃないんですか？

こう考えよう

部下を育てるのが仕事だが、義務ではない。

たしかに、上司は部下を育てるのが仕事です。しかし、親子ではないのですから、義務ではないのです。

親でもちゃんと子どもを育てないこの時代、「（親は子を）育てるのが当たり前」というスタンスが、親の育てたくないという気持ちにつながることに気づかないといけません。

育ててもらうための努力をあなたはしているでしょうか。『親しき仲にも礼儀あり』です。上司と親しくないならば、もっと礼儀が必要です。

あなたは上司に礼儀を尽くしていますか。何も知らないあなたにビジネスのイロハを教えているのに、「いや、それは違いますね」など無礼なことを言ってませんか。

礼儀どころの話ではありません。

親は、子供が小さくて可愛いかったころの残像が残っていますからなんとか育てようとしますが、いきなり20歳過ぎの姿で親の前に登場したら、「あなたはうちの子じゃない」と子育てをしないでしょう。

子どもは自分の親の真似をするところがあるからかわいいですが、上司にとって部下は子どもでもないのに「かわいいやつだ。いろいろ教えてやろう」と簡単に思うでしょうか。

それを「教えてくれるのが当たり前」「なんスか？」のような態度を毎日とられたら、とても教えようという気持ちにならないのが普通です。

金言

親しき仲にも礼儀あり。
上司とあなたは親子ではなく、他人です

僕はわかりません

37

上司と飲みに行ってウーロン茶を頼んだら叱られました。

こう考えよう

乾杯は皆同じものがマナー。好きなものを頼むなら自分のお金で。

上司と居酒屋に行ったら上司が奢ってくれます。

親子で食事に行ったら父親が払ってくれます。

このようなことが当たり前になっていないでしょうか。今の若者はホスピタリティを受けることに慣れてしまい、「おもてなしを受ける＝自分が主体」ということに慣れ過ぎてしまっています。

上司と飲みに行くとき、初めての場合を除いて、たとえばこの上司は飲むとどういうタイプになるかわかっているのに（笑う、叱る、饒舌になる、自慢話をする、愉快になる、大風呂敷になる、等々）、わざわざ叱られるようなことをしてはいけません。

乾杯は上司と同じものを頼むのがマナーです。

上司からグラスにビールを注いでもらったら、両手で受けて、「いただきます」と言って口だけつけます。ムリして飲む必要はありません。ジョッキの場合も同じです。

「お前はビールじゃないのか」という上司と、「僕はウーロン茶で」という部下の視点は同じです。その程度のことで目くじら立てて争う必要はないのです。

「最初はとりあえずビールだろう」という上司なら、そういう上司なんだと学ぶのです。それに対して「なんでウーロン茶じゃダメなんですか」と反発しているあなたのレベルが低いのです。大人の対応をしましょう。

金言

居酒屋での最初の一杯は上司につきあおう

第4章

これからの時代のキャリアアップのしかた

僕は悩んでいます

38

周りは契約が取れているのに、自分だけまだゼロ件です。

こう考えよう

筋肉量の違いで、能力の問題ではない。目の前の仕事、小さな積み重ねを大切に。

いつまでも自分だけ契約が取れない。

焦ると同時に、自分はこの仕事に向いていないのではないか、能力がないのかもと心が折れてしまいます。

しかし、ここで留意すべきなのは、「まだ」できないということなのであって、「ずっと」できないわけではないのです。

これはあなたと他の人との筋肉の鍛えている量の違いからくるものであって、あなたの能力が低いわけではありません。このことをしっかり理解しましょう。

すなわち、たまたま他の人は学生時代に持っていた筋肉が営業に向いていた（同じようなアルバイト経験があるとか）、しかし、あなたにはその筋肉が十分ついていないだけで、あなただけが鍛えてきた別の筋肉があるのです。

だから周りと比較して「自分には能力がない」と落ち込むよりも、その仕事を通じて自分の筋肉を鍛え続けることです。前向きな心を持つことのほうが重要です。

たとえば、スポーツジムでスクワットが１００回できる人は１２０回を目指しますが、始めて間もない人はまず10回できるように頑張ります。

１００回できる人から見たら10分の1ですが、少しずつ鍛えていけば、最終的に積もり積もった筋肉は、努力した分だけ結果として表れます。

上司もあなたが、与えられた目標に向かってどのように考え、取り組んでいるか、そのプロセスをきちんと見ています。

簡単に諦めるようでは、ビジネスマンとして失格です。

金言

成功は一つ一つの積み重ねから生まれる

僕は迷っています

39

上司に報告・連絡・相談するタイミングがわかりません。

こう考えよう

上司は忙しいのが当たり前。マニュアル本をなぞってもダメ。

ホウレンソウ（報告・連絡・相談）のタイミングは、人によって違います。相手の上司によっても違います。それを感じ取ることが仕事の醍醐味です。

仕事を円滑に進めるためには、相手の立場を考え、相手の喜ぶことをしてあげることが大切です。

たとえば訪問先での商談や交渉において、相手の喜ぶタイミングはお客様によって違います。

それを知らずに、いつも自分の営業スタイルを当てはめていこうとするのはホスピタリティではありません。自分がやりたいことを自己満足でやっているだけです。

だから相手の動きや状況を見てホウレンソウのタイミングを探りながら、「ここだ」

と思って、たまたま受け入れてもらえることもあれば、「あとで」と叱られることもあります。

叱られる、注意されるというのは愛のムチであって、ホウレンソウのタイミングは今じゃないよと教えてもらっているのです。

それを汲み取りながら、どのタイミングで行えば喜ばれるかを感じ取っていくのです。これがまさにホスピタリティのあるホウレンソウです。

しかし、上司が替われればホウレンソウのタイミングも変わります。以前の上司はこのタイミングだったからと、それを繰り返すのは間違いです。

やり方を相手によって変えていく必要があります。マニュアル本のとおりにやってもダメです。すべての上司が同じやり方で通用するはずがありません。

『ところ変われば品変わる』。上司が変わればやり方も変わります。

金言

上司が喜ぶタイミングで「ホウレンソウ」をしよう。
上司が替わればタイミングも変わる

僕はわかりません

40

いま流行の○○さんの本って、やっぱり読んだほうがいいですか？

こう考えよう

モチベーションが低いときに買えるかどうかが重要。

あなたはどんなときに書店に行きますか。

モチベーションがぐんと高まったときでしょうか、それとも落ち込んでやる気がなくなっているときですか？

自己啓発本を買うならモチベーションが低いときに買うといいです。意外と思われるかもしれませんが、一般的に、やる気になったときにこうした自己啓発本を買いに行く人が多く、テンションが高い状態にあります。その状態のときに一気に読めばいいのですが、仕事にのっている時期でもあり、あとで読もうとなることが多いです。

しばらくして今度はテンションが下がったときにその本を見て、「なんで買ったのだろう」と小さな挫折感を味わうのです。

ページをめくってもなかなか進まない。内容が頭に入らない。第一、今の自分の状況と違いすぎる。次は買うのをやめようと、小さな挫折感が大きな挫折感に変わり、失敗したと後悔します。

一番重要なのは、モチベーションが高いから自己啓発本を買うのではなくて、低いときにそうした本を買ってがんばろうとヤル気が出るかどうかです。

流行の本は読んだほうがいいか、これはどちらでもいいのです。あなたがどうしても読みたければ読めばいいのです。義務感ややらされ感で読むより、自分が読みたい本を読み続けるほうが確実に成長していきます。成長すればまた次の本を読むようになるのです。

金言

モチベーションが高まったときに自己啓発本を買ってはいけない

僕はわかりません

41

同期の中で一番になるにはどうしたらいいですか？

こう考えよう

仕事の成果は「質×量」。優秀でないなら「量」で勝て。

「一番になりたい」

これは簡単です。最高のウエイトでトレーニングをやればいいのです。それをやった人が勝てるのです。

では同期で一番になるにはどうしたらいいのでしょうか。まず同期を先に帰らせることです。自分も早く帰るからと言いながら、誰もいなくなった職場で必死にトレーニングをするのです。そうしたら追いつきます。

学生時代、試験が近づくと

「お前、勉強してる？」

「いや全然やってない。今回は赤点だよ」

と相手を油断させておき、実は家で一生懸命勉強している。

一番ダメなのは、優秀なデキる同期が8時間で帰るとき、自分も同じ8時間で帰ることです。それでは負けるに決まっています。

たとえば、イチローや松井秀喜が10時間練習してようやく切り上げるのに、自分も10時間で「ああ疲れた」と切り上げていたのでは追いつけるはずがありません。

プロ野球選手は試合が終わった後も素振りとトレーニングを欠かしません。追いつくには時間軸的な思考が必要です。つまり、「量」が必要だということです。

よく「量より質」といいますが、効率（＝質）だけでは差がつきにくくなかなか難しいのです。恋愛も最初から理想の人に出会えるかというと、そうではありません。何回も失恋を繰り返したりしていくことでその経験が生きてくるのです。

金言

人の倍の仕事をしなければ優秀な同期に勝てない

僕は不安です

42

資格ってやっぱり必要ですか。

こう考えよう

資格をひけらかす人は成功しない。好かれる人間が生き残る。

世の中には資格があふれています。昨今の不景気で「手に職を」と考えるビジネスマンも増えています。

通勤電車の中で、自分と同じような世代の人が資格の勉強をしている姿を見ると、

「俺ってこのままでいいのかなあ」

などと何となく不安にかられたり、変な焦りを覚えてしまう…。

でも、資格を取りたいという気持ちは、「資格がないと仕事ができない」という依存心の表れです。

逆にいうと資格があったらバリバリ仕事ができるのか、ということです。資格があったら仕事ができるという前に、「資格を取ったあなたと一緒に仕事をしたいと思う周

りの環境や仕事仲間がいるのか」という視点のほうが重要です。

A君「僕、○○の資格を取っています。すごいでしょう。」

B君「○○資格を持っていますけど、仕事は未経験なので教えてください」

この2人が同じ職場にいた場合、周りはどちらと仕事をしたいと思うでしょうか。

「あなたは周りの人から一緒に仕事がしたいと思われている人間ですか」まずそれが重要なのです。

資格がなくても人間性がよかったら、周りはその人のほうを選ぶでしょう。別に資格は後からでも取れますから。

人間性が低くて資格を持っている人は、職場に必要ないかもしれません。それだけ周囲に好かれる人間になるということがとても大切なのです。

金言

スキルはあるに越したことはないが、人間性を磨くことも大事

僕はつまらないです

43

最近、やる気がなくて仕事が面白くないんです。

こう考えよう

やる気を失って損するのは自分。あなたは社会人なのです。

最近どうもやる気がでず、仕事に身が入らず、注意力が散漫になり、ミスが続いています。周りにも迷惑をかけ、上司に叱られる。するとますますやる気がなくなり、仕事が面白くなくなって心が折れてしまいます。

このような悪循環に陥ったときに損するのは、自分自身です。

同時に、やる気によってパフォーマンスが変わる人間は、ビジネスマンとして信用できないとみなされます。また、周りから「お前、全然やる気がないだろう」と気づかれた時点でちゃんと仕事してないと思われます。

あなたは会社で仕事をしてお金をもらっています。すなわち、プロです。プロは自分の行った仕事（パフォーマンス）に対してお金をもらいます。

お金をもらって仕事をしている以上、プロは、相手やお客様にやる気がないことを絶対に見せてはいけません。プロ野球選手が「今日はやる気がないので、ヒット打ちません」と試合前に言ったら、ファンはどうなりますか。たとえやる気がなくても、それを感じさせないのです。それがお金を払ってまでわざわざ見にきているファンへの気持ちです。

結果がでる、でないは別の問題です。その前にやる気がないというのはプロとして社会人として失格です。また、それを「やる気を出させるのが上司の仕事だ」という考え方は間違っています。

金言

仕事にモチベーションは関係ない！

僕はもうだめです

44

入社してから、どんどんやる気が失せていきます…。

こう考えよう

そもそもやる気がない人は採用されない。やる気がないのは契約不履行。

やる気を失って自立・自責の考え方を失って損するのは自分です。

「腐ったら負け、心が折れたら負け」簡単にあきらめたらダメです。

やる気を失って会社を辞めて、それを会社や周りの環境のせいにするのは、自分勝手な行為です。そのうえ「今度はもっと楽なところがいいな」という気持ちで次の会社に応募したところで、採用される確率は低いでしょう。

やる気によって仕事を変えること自体が間違っていることに気づかなければいけません。やる気を失っていても仕事のパフォーマンスが変わらない、これがプロなのです。年齢や経験は関係ありません。

自販機は雨の日も猛暑の日も、お金を入れたらちゃんと商品を出します。やる気があるとかないとかは関係ありません。

たとえば、自販機が「今日は寒いので商品を出せません」とか「今日はあいにく細かいのがないのでお釣りができません」などと言うでしょうか。

自販機は１２０円を入れたらいつでも商品を出します。自販機と同じように、パフォーマンスをいつも維持しましょう。

「やる気がないので、商品を出しません」という自販機から、誰がジュースを買いますか。

金言

あなたは自動販売機以下なのか？

僕はこう思います

45

アポが取れるまで電話しろって言われても、自分なら何度も連絡されると嫌ですけどね。

こう考えよう

お客様がいて自分が成長する。会いたくなるような電話のしかたを考えよう。

上司から「アポが取れるまで何回でも電話しろ」と言われて、昨日も今日も電話ばかりです。

「こんなに何度も電話されたら、相手だって嫌だろうなあ」と思いながら、今日もダイヤルボタンを押します。

こうやったらいいか悪いかという判断は、自分の視点だけで考えているのです。自分視点とは、たとえば「僕はベンツなんか欲しくない」という場合です。これはあなたの考え方です。お客様の中には欲しい方がいるわけです。

ここでは何度も何度も相手に連絡している。自分のアポイントの取り方のレベルが低いという視点で捉えたほうが、お客様のためになるのです。

何度も連絡したらお客様が迷惑じゃないか、というロジックでいくならば、レベルの低い営業担当者であるあなたがアポを取ることのほうがお客様に迷惑です。

つまり、お客様の前に立てないとなれば、誰も仕事ができなくなってしまいます。経験がなくても繰り返し行うことによって成功の確率を高めていき、成長していくのです。

接客でも同じです。「未経験の店員よりもベテランに接客してもらったほうがいいですね。新卒の人の接客は受けたくありません」と言われたら、新人の立場はありませんし、そもそも新卒自体が不要ということになります。

お客様に失礼だと思ったら、新人は一生仕事ができません。どこの会社でもお客様が新人の自分たちを育ててくれているのです。新人が一生懸命電話するというのは失礼なことではないのです。

金言

相手に失礼だと思ったら、新人は一生仕事ができない

僕は不満です

46

言われたことはちゃんとやっているのに、上司からは「仕事しろ」って叱られます。

こう考えよう

言われたことをちゃんとするのは当たり前。期待以上のことをやって初めて認められる。

「言われたことをしているのに、なんで叱られなければいけないのか」

別にこれは理不尽なことではありません。

あなたは、言われたことしかしていない、つまり、指示されたことさえやっていればＯＫという考え方を持っていませんか。

先ほどの自販機の話になりますが、人は自販機に何を期待するのでしょうか。

１２０円を入れたら缶コーヒーが出てきます。これは期待どおり、つまり期待以上でもなければ以下でもない「当たり前」のことです。ところが、ボタンを押したのに何も出てこない、お釣りも出てこない。これは期待以下であり、クレームとなります。

でも、１２０円を入れたら２本出てきたとか、お釣りが多く返ってきたとかの自販機があれば期待を上回り、感動を与え、リピーターになります。

すなわち、人間は期待を上回ると感動し、リピーターになるのです。これをビジネスの現場、あなたの上司に当てはめてみれば理由がわかると思います。

言われたことをやるのは当たり前のことであって、それで誉めてもらえないとふて腐れても評価を下げるだけです
あなたは上司から指示されたこと以外の仕事もしていますか。言われたこと以外の考え方もしていますか。それ以上に、「仕事しろ」と言われる自分に何か問題はありませんか。

与えられた仕事をこなすだけなら、上司の期待を上回る感動を与える仕事をやっていないということになります。

金言

与えられた仕事をこなすだけでは機械と一緒だ!

僕は不思議です

47

いつも朝早めに出勤していたら、上司から誉められました。何でですか？

こう考えよう

出社時間は、やる気のバロメーター。上司はそこを見ている。

研修や講演で「皆さん、やる気がありますか？」と訊くと、「はい、あります」と答えます。「元気ですか？」と訊くと「元気です」と返ってきます。

しかし、やる気がある、元気だということを誰もがわかるように行動に表している人は、残念ながらほとんどいません。だから、朝早く出社していると「すごいね、偉いね」と言われるのです。

朝はやる気のバロメーターです。

私はいつも「10分の法則」と言っています。つまり、上司が8時40分に出社するのだったら、その10分前、8時30分に出社するのです。しかも、席に着いていて、すぐに仕事が始められる態勢で上司を迎えるのです。

しかし、たいていの場合、上司が8時40分に出社すると、その時間がボトムだと思ってしまい、8時40分に皆が合わせて出社してくることが多いです。それでは、あなたは上司と一緒になってしまいます。

だから上司よりも10分前に出社すれば、誉められるのです。何も1時間も前に出社して下さいとは言っていません。10分でいいのです。

「きみ、すごくやる気があるね。いいよ」

たとえばプロ野球のナイターが夕方6時に始まる。でもやる気がある人は午後4時に球場に来ています。普通に考えて、試合開始ギリギリの6時に来る人よりも、4時から球場入りして応援している人のほうがずっとやる気があると思いませんか。

金言

人と違うことを少しすることで、周りは気づいてくれる

僕はこう考えます 48

なかなか結果がでませんが、そのうち大きな仕事で取り返しますよ。

こう考えよう

「そのうちに」は永遠にやらないと言っているようなもの。「今」できないものが「そのうち」できるのか？

現状うまくいっていないにもかかわらず、それには目をつむり、先ばかりを見て「そのうちに」と自分を納得させています。

「そのうち取り返しますよ」というのは現状の先送りをしているに過ぎません。

仕事をしていくうえで、すべてが順調に進むということはなかなかないでしょう。

なかなか仕事がうまくいかないから不幸、うまくいくから幸せと考えるのではなくて、うまくいかないのは今の筋肉では結果がでないという筋肉トレーニングをしているという学びがあります。

ですから、仕事でミスをした、契約が取れない、といったことに対しては、まず現状をしっかり受け止めることが必要です。「ピンチはピンチ」として真摯に受け止め、反省をし、なぜピンチになったのかを考えて今後取り組んでいかないといけません。

それを「ピンチはチャンス」とばかりに自分を納得させて、「そのうちに」「また今度」と置き換えてしまっていませんか。

たしかに「ピンチはチャンス」とよくいいますが、このチャンスの意味は、「考えるチャンス」ということです。冷静に考えさせてもらえるいい機会なのであって、商談に遅刻しそうになったが、たまたま信号が青でギリギリ駆け込みセーフ。「ふう、ラッキー」というようなものではないのです。

ピンチはピンチ。自分のフォアボールでノーアウト満塁にしたことがチャンスではないのです。

金言

「そのうち」より「今」の現状と向き合って仕事をしよう！

僕はわかりません

49

失敗しても、プラス思考で考えると成功するんですか？

こう考えよう

プラス思考とマイナス思考のバランスが必要だ。

何か仕事で失敗したときに「まあいいや、ドンマイ、ドンマイ」とその場で終わったことにしてしまい、そのうちまた同じことを繰り返します。たとえば会議資料のコピーを頼まれて、コピーの端が切れていたり、斜めになっていたりした場合、「あらら、またやっちゃった。まあいいか」と考える。これはプラス思考でも何でもありません。

コピーひとつとってみても、コピー用紙の無駄遣いで余計なコストをかけているし、取り直しとなって会議が遅れると、その参加者全員の時間をあなたが奪ってしまっているのです。

自分のミスがこのように周りに迷惑や会社に損害を与えるということを理解しなけ

ればなりません。

単純に「プラス思考」などといって「またやればいいんだ」と考えるのではなくて、うまくいかなかった理由は何なのか、失敗した原因はどこにあるのかということをきちんと自分の中に落とし込まないといけません。

能天気思考とプラス思考は違います。何でも「まあいいや」で処理するのは能天気思考であり、先送り思考でもあります。

そうではなくて、問題解決をすることがプラス思考なのです。「こうやったら失敗しない」「これがいけなかった」と学びに変えることがプラス思考なんです。きちんと現実を受け止めなければいけません。そうしないといつまでも同じことを繰り返してしまいます。

金言

プラス思考と能天気思考は違う。能天気思考という現実逃避をするな！

僕はこう思います

みんなが優秀な人のやり方を真似しているけど、どうせそのうちダメになるでしょう。

こう考えよう

「学ぶは真似る」結果を出した人のやり方はいい教材になる。

優秀な人が結果を出すのではなくて、結果を出す人が優秀なのだということです。美味しいラーメンが売れるのではなくて、売れたラーメンが美味しいということになります。いいものが売れるのではなくて、売れたものがいいものなのです。だから、優秀な人は仕事ができるのではなくて、仕事ができる人が優秀だということです。ということは、結果を出した人のやり方を真似るというのはすごくいい勉強になります。

仕事で結果を出している人には共通の特徴があります。それは、お客様からの支持があるということです。結果を出すには、まずお客様からの支持がある人の真似をしてみましょう。

それを、「真似していたってそのうちダメになる」と言うのは、ひがんでいるだけです。嫉妬です。それはあなたに何の得にもなりません。

結果を出している人のやり方は、正しいのです。なかなか結果が出ない人は、やり方に問題があるからです。結果につながらないことをいつまでもやっているのです。

だから成功している人は学ぶべきいい対象となり、その人のやり方はいい教材となります。東大に現役合格した人の勉強方法は学ぶ対象になりますが、二浪、三浪して受かった人のやり方はあまり参考にしたくないでしょう。

金言

成功している人の真似はどんどんしよう

第5章

一人前と認められるビジネスマナー

僕は悩んでいます

51 会社は僕を見た目だけで判断して、中身を見ようとしてくれません。

こう考えよう

周りからの評価が絶対。実力が見えないときは見た目で判断される。

人間は相手に興味・関心が湧いてから、初めてその人の中身を見ようとします。だから、周りの人があなたに興味・関心が湧かないというのは、あなたのほうに何か問題があるかもしれません。あなたの中身を見ようとしない、見たいと思わない原因があるのかもしれません。

また、見た目だけでしか自分を表現できないならば、それは個性ではないことに気づかなければいけません。個性とは中身、すなわち中身にこそ個性があるのであって、髪型や服装など誰でもすぐに真似ができるのは個性ではないのです。

つまり、見た目だけでしか判断してもらえないようではビジネスマンとしてダメだということです。そのためには、自分が周りからどう見られているのかという視点を持たなければなりません。

自分の中身を見て欲しいという前に、自分は周りからこう見られているということをきちんと把握することが重要です。

あるオリンピック選手が服装で物議をかもしたことがありました。「自分は○○の競技でオリンピックに行っている」と思っていても、周りは日本を代表して出場していると見ていました。私服や競技服に対しては何も言わないけれども、代表選手として人前にでる際にその服装はどうかという視点です。

髪型や服装などの見た目だけで個性を表してはいけません。結果で個性を出すべきです。ライフスタイルで個性を出せばいいのです。

まず仕事で結果を出してみましょう。そうすれば周りはあなたに興味を持ち、中身を見ようとしてくれます。

金言

外見で個性を表すな!

どんなに良い人でも、その格好じゃ…

僕はこう思います

52

スーツや髪型、ネイル、こうしたオシャレって個性ですよね。

こう考えよう

オシャレとマナーは違う。自分の好みだけで選んではダメ。

ビジネスにおけるマナーは誰が決めるのでしょうか。会社でしょうか。上司でしょうか。

お客様が決めるのです。あなたの会社のお客様（取引先や顧客など）がマナーを決めるのであって、そのお客様のほうを正しく向くことがマナーの基本であり、考え方です。お客様からダメ出しされたら、いくら自分が正しいと思ってもそれはマナーではないのです。

ファッション業界や音楽業界で働く人は茶髪にピアスでもOKかもしれませんが、当然無理な職業もあります。その判断基準は誰が決めているかといえば、それを利用するお客様です。

たとえば渋谷の「１０９」で働く人は茶髪にピアスでＯＫです。ビジネスマン風の地味なスーツ姿で働いていたら逆に不自然です。それは、そこに行くお客様が決めているのです。

また、朝のラッシュ時に売店の店員が、高級ホテルの従業員のような丁寧な挨拶をしたり、雑誌を袋に入れたりしていたら電車に乗り遅れてしまいます。だから売店では丁寧な応対よりも、素早くお客様をさばく対応が求められています。

つまり、マナーはお客様次第、お客様が何を求めているかによってマナーが決まります。それを自分の勝手な主観で決めてはいけません。

職場での服装はファッションではありません。流行の服や高級な服を着て、「オシャレだ」と言ったところでそれは自己満足です。お客様からみて好感の持たれる服装なのかどうか、それをしっかり認識してください。

金言

お客様から気に入られるマナーを身につけよう

僕は不満です

53

僕達の周りでは茶髪は当たり前なのに、上司はいつも文句を言います。

こう考えよう

周りからの評価が絶対。会社の風土や上司のセンスから判断せよ！

マナーは、ビジネスにおいて最も重視されるものです。みんなが正しいマナーを身につけていれば、トラブルは起きません。

会社では多くの人が働いています。自分一人でやっているわけではないのです。大切なのは、あなたを見て周りはどう思っているかということです。それを感じ取れないと、たとえどんなに仕事ができても、まったく評価されません。ビジネスマナーは社会人として最低限身につけておくべきことだからです。

周囲への気配りができなければ、「あいつはマナーがなっていない」と判断されてしまい、相手にされなくなります。

周りからどう見られているかがわからないというのは、ビジネスの世界では０点です。親子の間だったら構わなくても、同僚や上司、そしてお客様からどう思われているかが大事なのです。

自分がオシャレだと思ってするのではなくて、周りからオシャレだと思われなかったらオシャレではないのです。自分で、いくら清潔感があると思っていても、周りがそう思わないなら、清潔感は感じられないのです。

取引先を訪問したとき、まず相手が見るものはあなたの名刺と身だしなみです。そこで茶髪で登場したら、あなた自身の常識が疑われ、さらに「なんだ、この会社は」と思われてしまうでしょう。

このように周りから与えられる評価は「絶対」であり、自分が思う自分の評価は通用しないのです。お客様から見られている評価、上司や先輩、同僚から見られている評価が絶対なのです。

金言

正しいマナーを身につけていれば、必ず仕事がうまくいく

僕はこう思います

54

お金がないから毎日同じ靴でも仕方ないですよね？

こう考えよう

ビジネスの美的感覚でやる気を見せることも大切。

これは、靴を何足も買うのはもったいないとか、無駄だという視点ではありません。お客様がどう思うかです。一緒に働いている同僚から見てどう思うかです。

まず相手の目がいくのは身だしなみです。靴が汚れていたら「だらしない人だ。仕事もそうなんだろう」と思われるのが普通です。でもプライベートで履くジーンズだったら汚れていてもかっこよかったりするでしょう。

ビジネスの美的感覚でいえば、いつもアイロンのかかったシャツを着て、靴も磨いていたほうがさわやかで見てる方もすがすがしくなります。そこに気配りができるかどうかがポイントです。

たとえば病院で、院長が「肺炎ですね」と神妙な顔つきでカルテに書き込みます。

そのときのペンがマンガのキャラクターだったらどうでしょうか。また火事のとき、消防隊員がキャラクターTシャツで現場にやって来たらどうでしょう。

やはり働く場では、それなりの姿勢や格好というものがあるのです。

野球をするのにスーツでグラウンドに来ますか？「そんな格好で、どうやってスライディングするの」「いや、汚れるからしません」「おまえ全然やる気ないじゃん」と言われます。

学生のときは学生服一着しかないし、靴も一足しかありません。だから同じ服装で通うのに抵抗がありません。しかしスーツは違います。スーツが汚れてテカテカ光っていたら、笑われて済む話ではありません。あなたの品格が問われます。

金言

ピカピカに靴を磨けば、デキるビジネスマンに見える

僕はわかりません

55

声がでかいだけのアイツが何で評価が高いのかわからないです。

こう考えよう

いい印象を与えることが評価される秘訣。マナーは行動に移さなければ意味がない。

マナー研修でちゃんと挨拶しましょうと教わり、「おはようございます」と言えるようになったから大丈夫だと思っていませんか。

挨拶ができるのは社会人として当たり前のことであり、基本中の基本です。しかもきちんと相手に聞こえなければ挨拶をした意味になりません。タイミングも大切です。

さらに自分が相手より年下だったら、年上の人から先に言わせるのはダメです。しっかりとマナーを覚えなければいけません。

相手より先に挨拶ができて普通なのです。それが大きな声でできたらよりいいです。

大きな声で挨拶するのと、聞き取れないような小さな声で挨拶するのとでは、どちらが元気良く聞こえるでしょうか。もちろんそれは大きな声のほうですよね。声の大きさもやる気のバロメーターです。

朝から大きな声で挨拶すれば、「朝から元気だねえ」「気持ちがいいねえ」と相手も気分がよくなり、職場の雰囲気も明るくなって、さあ仕事しようという気になります。

またこれは挨拶だけにかぎりません。仕事中、上司に呼ばれたときも大きな声で返事をすれば評価はアップします。だって気持ちいいじゃないですか。

たとえ嫌なことがあって心が病んでいたとしても、それは関係ありません。むしろそんなときこそ挨拶や返事だけは元気良くしましょう。そのうち嫌なことも忘れてしまいます。

金言

相手に「おはよう」と言われてから「おはようございます」と返していないか？

僕はこう考えます

56

上司に挨拶をしても返してくれません。僕もしなくていいですか？

上司が挨拶しないから自分もしない？　それは子どもと一緒です。

では、上司が最低の人間だったら自分も最低の人間になるのですか。上司が万引きしたり不正をしたら、自分も見習って同じことをするのですか。違いますよね。

上司が挨拶を返さなくても、自分は挨拶すると決めたらすればいいのです。上司に悪いところがあったら、自分はそれをしなければいいし、いいところがあったら真似すればいいのです。

自分だけが挨拶して損だなんて思う必要はありません。

「今日も自分だけ挨拶した。よし、これで○勝！」

と自分の中でガッツポーズをつくるぐらいの気持ちでいればいいのです。

こう考えよう

挨拶は心を開く。上司と部下は心を開かなければ仕事にならない。

人間にはいいところもあれば悪いところもあります。それはあなたも上司も同じです。それを相手の悪いところだけ取り上げて、自分の悪いところは見ようとしていないのです。

そうではなくて、上司のすることを見て自分にとって学びがあれば、「こうするといけないな」「こうすればいいんだな」と理解していきましょう。上司に完璧を求める前に自分が完璧になることが重要なのです。

どんな相手にもきちんと自分から挨拶ができる。これはビジネスにおいてとても大切なことです。デキるビジネスマンの第一歩です。

金言

挨拶は「明るく」「元気に」「自分から」！

僕は納得できない

57

研修で教わったとおりにやっているのに「マナーができていない」と言われます。

こう考えよう

マナーが正しくできる人は100のことを150くらい努力してやっている。

挨拶をする、電話をする・受ける、名刺を交換する等々、マナー研修で基本を教わり、いざ実践してみると、「マナーができていない」と注意されてしまう。

自分ではできていると思ってやっていることが、周りにそう受け入れられていないのであれば、それをきちんと理解し、やり方を変えなければいけません。

お客様に「きみ、怒った顔をしているね」と指摘されたら、「自分の顔のことですか」とムッとしてはいけません。

無意識にそういう表情をしてしまっていることに気づき、意識してもう少し笑顔にしないといけないと思わなければなりません。それが学びです。

周りからの評価が絶対ですから、自分でどうかではなく周りからどう評価されているか、どう思われているかのほうが正しいのです。

周りから指摘されたことは、相手にそう思われているということです。「いや、でもね」と言い返すのではなく、「そう思われているなら改善しなければいけないな」と素直に反省しましょう。

また、相手に言われたことをその通りやるのではなくて、指摘されたことに対してきちんと反省し、改善して行動に移しましょう。

同時に、指摘してくれたことに対して感謝する心が必要です。指摘してくれたことで自分の間違いに気づくことができ、次からは正しくできるようになるきっかけを与えてくれたからです。あなたの間違いに気付いていてもなかなか指摘してくれる人はいないものです。ありがたいことです。

金言

マナーが良くできているかどうかは周りからの評価で決まる

僕はやりませんよ

58

僕は記憶力がいいんで、メモなんか必要ないですよ。

こう考えよう

「聴いてますポーズ」はメモを取ること。それが教えられ上手。

一生懸命相手が話しているときに、「ああちゃんと聞いてくれているな」「自分の話を大事にしてくれているな」という姿勢を見せることもビジネスマンとして大事なことです。

たとえば、相手の話を聞いているけれども、ボーっと外を見たり、資料に目を落としたりして聞いていないような姿勢をすると、それは相手にしたら聞いてくれていないのと同じことになります。

相手の受け取り方が正しいのです。自分は記憶できるし！などと思っていても相手には関係ありません。相手が指摘してくれて学びの機会を与えてくれた時は、改善していかなくてはいけません。

聞いていないふりをするよりも、メモに「へのへのもへじ」を書いていたほうがまだいいのです。でもメモばかり取っていると、「さっきからメモばかり取ってるけど、ちゃんとわかってるのか」と言われます。

自分が教えたとおりに相手がきちんとできるというのが、教え甲斐のあることなのです。教えられ上手は育てられ上手です。

相手からすれば、メモを取らない人よりも取る人のほうがいいのです。次に、メモしたことをやらない人よりもメモしたことをきちんとやる人のほうがいいのです。でも、メモを取っていてもそのとおりやらない人がいるから、あなたは「別にメモしなくてもいいじゃないですか」という話になってしまうのですね。

まずはメモしたとおりにやりましょう。そしてうまくいったらお礼を言いましょう。そこまでできれば完璧です。記憶力がいい、悪いは関係ありません。

金言

メモを取る姿勢が教える人に「教え甲斐」を感じさせる

僕は不満です

59

普通に話を聞いているのに「ちゃんと聞いているのか!」って叱られます。

こう考えよう

相手の目を見て、うなずきと復唱をタイミングよく入れること。

「人の話をちゃんと聞いているのか!」

このように上司から言われて、「何だこの上司は。」と思うかもしれません。言われたことを相手のせいにする、他責にするのは何のメリットもありません。

「聞いてますけど」と言い返すのではなく、「ああそうか、この上司はそのように思ったんだな」と理解して対応すればいいのです。

たとえば、ゲームのときにどうやったらこれをクリアできるかという視点です。この上司はどうやったらクリアできるかという発想を持ちましょう。それなのに「僕はこういうやり方をしてきましたから」と言ってしまっては、上司からアウトを宣告されゲームオーバーとなります。

攻略法がわかっているならば、その裏技を使えばいいのです。

無反応でいるから上司は注意してくれているのに、無反応じゃないと逆ギレしてはいけません。お客様から、あなたはこうですよと指摘されているのに、そうじゃないですよと返すことにメリットはありません。むしろますます険悪なムードになって、自分の評価を下げるだけです。

あなた達は学生時代に、社会にとっていらない鍛え方をしてきています。どういうことかというと、聞くふりがうまい。面白くない授業を聞き過ぎたために、聞いているふりをするのがうまくなってしまっているのです。その技術は残念ながらビジネスにとっては不要です。

金言

話を聴くときは、前のめりに相手の目を見てうなずきながら聴け！

僕は不安です…

60

仕事でいろいろな人と会いますが、なかなか覚えることができません。

こう考えよう

名刺をもらったら名前で呼ぼう。

上司に同行して、取引先の人と会って名刺を交換したはいいものの、名刺入れに入れっぱなし、その後しばらくして「もしもし、○○社の□□です。どうも先日は…」と電話が。「はい、お世話になっております」と返したものの、誰だか思い出せない…。

これは人の顔と名前を覚えるという筋肉が鍛えられていないために起こる現象です。だから、どうやったら忘れないか、自分が覚えやすいアプローチをとって鍛えていけばいいのです。うまく名刺を整理している人のやり方を真似してみるのもいいでしょう。

でも、忘れないようにするあまり、会った人の目の前ですぐ名刺に特徴などを書き込むのは失礼で非常識です。名刺はその人の顔ともいわれる大切なものだからです。

その場合は、会社に戻ってからすぐにその人の名刺に書きましょう。「顔が四角っぽい」「めがねをかけて鼻にホクロ」とか自分で覚えやすいように書き込むのです。会った日付をメモしただけでは、そういう人といついつ会ったという記録にしかなりませんし、思い出すのは難しいでしょう。

また、一度に複数の人に会ったときは、もらった名刺を並べてコピーして、その余白に特徴などを書き込むのも役に立つでしょう。

ビジネスの場では、初対面の場合、まず名刺交換からコミュニケーションが始まります。その日のうちに忘れないようにメモをするのがコツです。次に会ったときに思い出せないのは相手に大変失礼です。

金言

もらった名刺にその人の情報をメモせよ!

僕は不安です…

61

敬語を意識すると、どうしてもうまく話せません。

こう考えよう

カタチにこだわると心が入らなくなる。うまく話せなくても心を込めることが何よりも大切。

これまでは家族や友達と話すくらいで、年上の人はせいぜい学校の先生くらいでした。狭い人間関係の中で問題はありませんでした。

相手の立場を意識して話すということをしていないため、いざ敬語を使うと全然話せないので、筋肉痛を起こすわけです。

この痛みを和らげるには、うまく話せなくても、敬語を使い続けていくことです。そうすれば自然と筋肉痛は起こらないようになります。

しかし、敬語を使っていても気持ちが込もっていないと相手に伝わりません。一番重要なのは、相手に対して失礼のない言葉、相手が不愉快にならない言葉を遣うということです。これが社会人として最低限求められることです。

そして相手に対してどう思うかという尊敬・配慮の視点があって、なおかつ敬語が話せれば最高です。

でもそこを欠いたまま、すぐテクニックから入ろうとするのでぎこちなくなり、失敗するのです。そんな形はすぐにはがれ、簡単に素がでてしまうのです。

私が研修で新人と名刺交換すると、新人は一生懸命に敬語を使おうとします。「頂戴します」と言うべきところを「いただきます」と言ってしまいます。

東京から大阪に転勤してきた人が、無理やり慣れない関西弁を使ってぎこちない挨拶をしているような感じになってしまいます。それなら標準語のほうがいいのです。

周りは新人に流暢な敬語など期待していません。丁寧に失礼のないように話して欲しいのです。

金言

**ぎこちない敬語は遣うな！
自分の言葉で心を込めて丁寧に話そう**

僕はわかりません

62

御馳走になったときにお礼を言っているのに、次の日にまたお礼を言うんですか？

こう考えよう

年配者は二度礼を教えられている。感謝の気持ちは何度伝えても気持ちの良いもの。

上司にちょっといい店に連れて行ってもらったり、上司と一緒に接待の席に呼ばれることもあるでしょう。

ご馳走になったあと、その場で「本日はどうもご馳走様でした。ありがとうございました」とお礼を言うのは当然ですが、翌日に改めてお礼を言うのは何だか面倒。上司なら顔を合わせたときにするとしても、取引先の相手となるとどうも…。

でも、これもビジネスにおいては大切なマナーです。翌朝に電話を1本入れるだけでいいのです。挨拶がきちんとできる人はお礼もきちんとできます。

また、「電話だと面倒だからメールで済まそう」と思うかもしれません。メールだと、返信するという仕事を相手に増やしてしまいます。さらに送信したほうも正しく届いているか、相手がちゃんと読んだか気になります。

メールよりも電話のほうが早いですし、何より気持ちが伝わります。もし相手が不在だったら言付けを頼めばいいのです。そしてタイミングは翌朝一番にかけるのが常識です。数日たってから電話を入れたり、その相手から電話がきたときについでにお礼を言うのは礼儀に欠けます。

また、1本の電話がその後のビジネスチャンスにつながることもあります。電話をかけたことで、相手はあなたが礼儀正しい人だと思いますし、仕事にも誠実に取り組む人だと信頼度が高まることでしょう。

「わざわざご丁寧にすみません。そういえば今度ですね…」と新規の仕事の話に展開していくこともあります。仕事はこうした人間関係で成り立っているのです。

金言

御馳走になったら、翌朝一番にもう一度お礼を言おう

僕は不満です

63

約束の時間に10分も遅刻しながら、相手はお詫びの一言もありません。

こう考えよう

反対に相手が遅れたことを気遣う余裕が必要。

自分のためにお客様や上司が時間をつくってくれたことに対して、ありがとうございますという感謝の気持ちを持つことが大切です。

しかし、だからといって今度は自分が遅れてもいいだろうと考えるのは子供の考え方です。ビジネスマンとして失格です。

相手がしたから今度は自分が、ではなくて、逆に相手が10分遅れてきたら「ラッキー」と思いましょう。

相手はあなたを待たせたことに申し訳ないという気持ちになっています。つまり、その分あなたが優位に立てているということです。最初から優位な立場に立てるわけですから、相手の遅刻は大歓迎なのです。

「何やってるんだろう。しょうがないなまったく」と怒るのではなくて、「相手が10分遅れた。その貸しをもらえた。ラッキー」と考えましょう。

交渉の場では相手よりも早く席に着いていたほうが有利です。若い人と年配者とでは年配者のほうが立場は上です。しかし、相手より早く着いていることで対等の立場に立てるのです。

また『時は金なり』といいますが、時間はおカネにつながるのです。遅刻することは時間を無駄にするということです。つまりお金を浪費したということになります。

このことがわかっていれば、今度は自分も遅く行こうなどと考えるのは愚かなことだと気づくでしょう。

相手が「遅れてくれてラッキー」、このように考えるのが本当のポジティブ思考なのです。

金言

相手のミスを歓迎する。ポジティブ思考でいこう

第6章

仕事を楽しくするためのプライベート活用法

64

休みの日くらい仕事を忘れてのんびりしたいですよ。

こう考えよう

お客様の気持ちを知るには、自分がお客様になること。

「たまの休日くらい、ゆっくり寝ていたい」

「休日は気分転換。街に出ていろいろ見てみよう」

休日をどう過ごすか、この考え方次第で人生に大きな差がついていきます。

休日には休日の学びがあって、仕事の日は仕事の学びがあります。人生にムダな日は一日もないのです。

買い物に出かける、食事に行く、公園を散歩する等々、どのような場面でも「経済くん」と付き合っています。日常の行為の中でもビジネスの世界とかかわっているのです。

たとえば、最近はどんな店が流行っているのか、以前は予約が取りにくかった店がすぐ予約できるようになった、とか。

あなたが休日でも働いている人がいます。経済活動を行っているのです。だから、休みの日にお客としてお金を使う側のあなたも、仕事の日にお客様からお金をいただく側のあなたも同じです。

休みの日ぐらいは、経済くんとは付き合いたくないと思っている人は人生の3分の1を楽しんでいない人です。外に出て、リアルな経済に接することを楽しめれば観察力が高まり、ビジネスの感度がどんどん磨かれていきます。

店の客層が変わった、モノの値段が下がった、駐車場に空きが目立つ、テレビや新聞で伝えていることは本当なのかなど、実際に自分の目で見て確かめることで世の中の動きが体感できるのです。

家の中にこもっていたら、それがわからなくなります。もったいないことです。

金言

買い物、食事、レジャー、すべてに仕事のヒントがある

僕は嫌いですね

65

電車で新聞を読むのって、オジさんがすることみたいで何か嫌なんです。

こう考えよう

満員電車の中でもやり方次第で有益な情報は得られる。

満員電車はただでさえギュウギュウなのに、「なんでそこまでして新聞を読まなければならないのか。読める記事だって限られるのに。第一、かっこ悪い」とそんな声が聞こえてきそうですが、別に電車で新聞を読まなくても、それ以上のパフォーマンスを上げられるＩＴ技術があります。

そう、携帯電話です。ケータイを活用して情報収集するのです。ケータイなら片手で操作できるし、場所も取らない、見た目もスマートです。

でも、低額の料金で新聞を読む以上のパフォーマンスを上げられるサイトでなければなりません。自分の好きなものだけを見たり、ゲームをするだけではダメです。

若い人はＩＴになじんでいるメリットがあるわけですから、ひと月４,０００円の新聞代の代わりに携帯のサイトを利用してみましょう。その辺のおじさんよりもものすごく詳しくなりますよ。

有益な投資をすることで、おやじ組（失礼しました）に勝てるわけです。

新聞代と同じ料金で、その2倍、3倍のパフォーマンスを得ることができたら、おやじ組に追いつけます。それがＩＴ育ちのあなた達の長所です。

だから通勤時間を活用して携帯電話でいろいろな情報を検索しながらチェックしていけば、それで十分です。窮屈な思いをしてまで読みにくい新聞を読む必要はありません。

金言

通勤や移動時間は最高の勉強時間

僕はわかりません

66

社会人の勉強って新聞だと思いますが、やっぱり読んだほうがいいですか？

こう考えよう

ニュースは携帯電話から得る時代。

新聞は無理して読まなくてもいいです。必要な情報を収集するのは携帯のサイトからで十分です。

新聞は４００字詰め原稿用紙で３００枚前後もの文字量があります。これが毎日あるのですから、自分にとって必要な情報を見つけ出すのはかなり困難ですし、忍耐力が必要です。携帯電話をうまく活用すればいいのです。

しかし、携帯のサイトには情報の発信者が誰だかわからないものがいろいろあります。またどこまで正しい情報なのかという疑問も少なくはありません。だから信憑性のあるサイトを選ぶことが大切です。

変な情報や根拠のない情報に流されないよう、きちんとした優良サイトに有料で登録する必要があります。自分でお金を払って登録することが大切です。それが自分への投資です。

ＩＴ育ちであるあなた達は、携帯を活用することで簡単に、しかも効率よく情報を入手できます。新聞の速報記事をフリーワードで検索し、キーワードを登録しておけば絞り込みだって簡単です。

たとえば、営業の場合、得意先に関する情報を携帯でチェックできるようにしておけばいいのです。新聞ならどこに載っているか細かい字を拾っていかなければわかりませんが、携帯なら朝・昼・晩、時間と場所を選ばず自在にチェックできます。

金言

新聞は読むな！
携帯のモバイルサイトに登録を

僕はできません

67

「本を読め」って言われても、なかなか本屋さんに行く機会がないですよ。

こう考えよう

書店はモチベーションアップの象徴。年収の5%は自己投資に。

書店に行って本を買うというのは、自分の気持ちに対する行動の表われです。だから、自分の気持ちが高まっているときにしか書店には行かないのです。やる気のない人は書店に足が向かないでしょう。

書店へ行くことはあなたのモチベーションがアップしている証拠なのです。

一年中どんなときもやる気が高いという人はいません。ということは、やる気がないときに、どうしたら勉強できるかを考えなければいけない。やる気がないときというのは、日常茶飯事のことなのです。

重要なのは習慣性です。本を読む習慣にするのにいいものが週刊誌や月刊誌です。

でも人間は自分に甘い生き物ですから、毎週毎週それを買うために書店に行くのはなかなか続きません。

忙しかったり、ついうっかりして買い忘れたりすると、それがきっかけとなって以降買わなくなります。その理由を自分に与えてしまうのです。だから年間契約にするのがお勧めです。わざわざ書店に買いに行かなくても、定期的に自宅に届けてくれます。

定期的に届けられることで、そのたびに「ああ、やらなければ」と袋を開けます。この袋を開けることでモチベーションが高まるのです。週刊誌なら毎週、月刊誌なら毎月、向こうのほうからモチベーションをアップしにやってきてくれます。

金言

専門雑誌は年間購読で申し込め！

僕は読めません

68

本やニュースを見ようにも家に帰ったら、疲れてすぐ寝ちゃいますよ。

こう考えよう

映画→漫画→小説→専門書と、入りやすいものからチャレンジしていこう。

疲れて帰ってきて、難しい専門分野の本を読んだりニュース解説を見たりする気にはなかなかならないものです。

でも、楽しい話題や面白いテーマだったら、つい見入ったりしますよね。だから簡単なもの、楽そうなものから入ることです。

たとえば、まずは映画を観る。映画が面白かったら原作の漫画を読む。漫画が面白かったら読みやすそうな関連本に進む。それで最後に専門書に行けばいいのです。それをいきなり専門書を手に取るから挫折するのです。

「○○ぐらいの本は読んでおくべき」と意欲の高い人の話を聞いて、最初にそうした本を買うからダメなのです。その人のレベルによって本来は本を選ぶべきなのに、いきなりレベルの高いものから入るからです。

そうではなくて、たとえばテレビのニュースだったら、面白くてわかりやすい番組を見ましょう。このキャスターの解説は面白いというものもあります。そういうものから見ていけば、結果としてわかるようになります。

勉強も同じです。1＋1から入らずに、いきなり因数分解から入ろうとするから嫌いになって続かないのです。

モチベーションが高いときに『世界一わかりやすい○○』とか『これ以上やさしく書けない○○』のようなタイトルの本をレジに持っていきにくいです。簡単そうな本ではなくあえて難しそうなものを買うから、結局最後まで読めずに終わってしまうのです。そして本を買わなくなります。

だから漫画と小説の中間のようなものから入っていくのも良いでしょう。

金言

とっかかりは簡単なものでいい。面白いものから見ていく

僕はわかりません

69

相手の会社のことってどうすればわかるんですか？

こう考えよう

他人事では関心は湧かない。経済を「自分事」にするには株をやればわかる！

僕たちは生きたビジネスの世界にいるのです。ビジネスに関係のあることはすべてやってみたらいいのです。その一つが「株」です。

「株なんてやったこともないし、わからないですよ」

「素人が手を出して、どうせ損するに決まってますよ」

などと言ってみても結論も出ないし、成長もできません。

株で大損しろとか、儲けてこいと言っているわけではないのです。実際に株式投資をやった人が「株なんかに手を出しちゃいけないよ」と言うのと、やったことがない人が「株なんかやってもダメだ」と言うのとでは、言葉の重みに雲泥の差があります。

頭で捉えていたことが実際にやってみたらまったく違っていたという経験は、誰もが一度はしているはずです。

株に限らず、実際にやってもいないのに、あたかも自分はわかっていると勝手にイメージして悟っている人が多いです。

株は人気があれば株価は上がるし、人気がなければ下がります。

「へえー、いい会社だから上がるということではないんだ。でも今は全体に不景気だから人気のあるところでも下がるんだな」

ということがわかります。

実際に自分でやらないと本当の経済がわかりません。こういった好奇心や行動力がビジネスマンには必要です。

金言

ビジネスや経済を学びたければ株式投資をせよ！

僕は困っています

70

勉強しようと思って本を買っても、いつの間にか読まなくなっちゃいます。

こう考えよう

本は必要なところだけを読もう。全部読みきろうと思っては、挫折する。

「それぐらい、本読んで勉強しておけ」

と上司から言われ、帰りに書店に足を運んだという人もいることでしょう。

あるテーマについて勉強しようと思って関連する書籍を買いに行くことは、自然なことです。実はそう思っているときというのは、モチベーションが高いときなのです。

モチベーションが高いときにそうした専門的な本を買ってみる、「なんでこんな難しい本、買っちゃったんだろう」とモチベーションが下がりものすごく後悔する。

やる気が満ちているときは、あれも読もう、これもいいなと手を出していきます。

そして結局読めずに挫折してしまうのです。

本を買う一番いいタイミングは、モチベーションが低いときです。元気がなくなったなと思ったら本屋に行きます。これがベストです。

僕はやる気がなくなってきたなと思ったら書店に行きます。そのときに買った本はとてもいいです。内容やテーマを冷静に判断して選んでいます。

読まなければならないと思って読むのではなくて、読んでみて面白くなかったら、そのまま閉じて置いておけばいいのです。しばらくして一年後、二年後にその本の読み方が以前と変わったりします。

面白くなかったら読まなくていいのです。それは面白くない本を買ってしまっただけです。一番怖いのは、そうした挫折感から本を読まなくなってしまうことです。

金言

本や雑誌はすべてのページを読むな!

僕はわかりません

71

話し方や説明のしかたって どうやって 身につけたらいいですか？

こう考えよう

漫才や落語、ニュースキャスターからも話し方を学べる。

話し方ということでいえば、若い人たちは大学の先生の真似をする傾向があります。今の大学生は中途半端にプレゼンテーションの勉強をしてしまっています。それは大学の先生から身につけたものかもしれません。

パワーポイントとプロジェクターの使い方は上手ですが、プレゼンテーションで相手に聞かせる、わかりやすいように端的に説明するという技術はありません。

機械に頼りすぎると、説明が下手になります。大学の先生の物真似だけでは上手くなりません。そのまま社会では通用しません。

しゃべりだけでやっている漫才を手本にしてみましょう。しゃべりの基本、プレゼンの基本が漫才の中にあります。

難しいことをわかりやすく伝えようとするのが漫才です。それに対し、多くのプレゼンテーションは難しいことをさらに難しく説明しています。だから聞いている人にとって何を言っているのかさっぱりわからない状態です。

本来は知らない人にわかってもらおうと話すのがプレゼンテーションです。知らない人に知ってもらう、理解してもらうための技術なのに、知っている人にさらに深く知ってもらうようなやり方をしています。いってみればマニアックな阪神ファン同士の会話になっているのです。

阪神ファンじゃない人に阪神ファンになってもらうように話すのがプレゼンなのに、初めからお互い阪神ファン同士のような濃いトークをしてしまっているのです。

金言

お笑い番組でプレゼンテーションを研究しよう

僕は困っています

72

流行り物に便乗するのって何か真似しているみたいで嫌ですよね。

こう考えよう

現在流行っているものは好き嫌いは別としてとりあえず試してみる。

よくテレビで、行列ができる店を紹介したり、話題のスポットを取材したりしています。

「へぇー、こんなものが流行っているのか」

と改めて感じたこともあるでしょう。

それをただ「ふーん」で終わらせるのではなくて、「なんでこれが流行っているのかな?」と、もう一歩踏み込んで考えてみることが重要です。

そして実際に話題のスポットや新規開店の店を訪れてみるのです。そこで時代の流れを感じ取ることで自分のビジネス感度が敏感になっていきます。

このように、時代の流れ＝時流を感じること。そしてそれをわかったうえで利用する、利用しないを判断することが大切です。流行っているからと何も考えず、ただ飛びつくのでは時代に流されているだけです。

流行のものや場所は、まずは行ってみましょう。手に取ってみましょう。そしていいと思ったら買ってみて、利用してみましょう。それで良し悪しを判断していくのです。これを繰り返していけば、次第にものを見る目が鍛えられていきます。

行ったこともないのに、「あんなところ行くもんじゃないよ」などと口だけの批評家になってはいけません。

「食わず嫌い」をやめることです。仕事でも自分と気の合う人がいい人で、気の合わない人はダメな人ではなくて、気の合わない人も含めて理解していくという姿勢が大切です。

金言

流行っているものは、自分自身で試してみる

僕はこう思います

73

これだけ技術が進んでいるんだから、商品なんてどれも一緒ですよね。

こう考えよう

高価と安価、高級品と低価格品、この幅の意味を知ろう。

「売れたものがいいもの」そこには売れたという事実についての学びがあります。

この視点、つまりおいしいものが売れるのではなくて、売れたものがおいしいものという考え方の視点と同時に、高級寿司には高級寿司の良さがあり、回転寿司には回転寿司の良さがあることを理解しましょう。

最近では回転寿司でも本場の魚、旬の魚を仕入れています。その中でも最高級の魚は数も少なく、一流料亭や高級寿司店に優先されることが多いのです。

高級寿司がよくて回転寿司がダメといっているのではありません。高級寿司には高級寿司ならではのステータスがあり、回転寿司には回転寿司で味わえる喜びがあるということです。

この2つの幅の意味を知っていることが大切です。

たとえば三ツ星のレストランに行ってみる。そこで食事をして、従業員の応対や店の雰囲気、外の景色を自分の目で確認する。どんな人が利用しているのかも見ておく。対照として近くの牛丼屋も利用する。同じ食事でもかたや数百円で済むのに対し、一方はわざわざ予約をしたうえに万単位のお金がかかります。この幅の意味を知っておくことが大切です。

だから、自分にとっていい人もいれば嫌な人もいることを知る。いい事ばかり言う人と付き合うのではなくて、嫌な事を言ってくれる人とも付き合うことが重要なのです。最高の人ばかりを知るのではなくて、最低のマナーの人も知る。様々な物事の幅を知っておくことで人間としての器が成長していくのです。

金言

高級寿司を知らずに回転寿司のジャッジはできない

僕は苦手です

74

お店で店員に話しかけて買うなんて、かっこ悪いですよね。

こう考えよう

店員と会話することで、その店の実態がわかる。

店の商品を見て、触れて感じるというだけでなく、店員と会話をしながら色々なことを感じてもらいたいです。

店員が大きな声、明るい声で接客しているのかどうかによって、その人が楽しく働いているかどうかを学ぶことができます。

楽しそうに働いている店員だったら、「なんで楽しいのかな」と想像してみましょう。また同じ店でも違う場所（1階と地下、カウンターと奥のテーブルなど）を見ると、楽しそうに働いていない人もいます。なぜそうなるのか？

さらに同じチェーンでも店が違えば、店長が違えば、来店客が違えば、そこで働いている店員の表情や接し方が違うことに気づきます。

こうした店員に話しかけて違いを肌感覚で理解すれば、その店の業績がわかります。儲かっている店は儲かる理由がわかるようになります。「なんで儲かっているんだろう」ではなくて、「やっぱり!だから!」と納得のいく理由がわかります。

儲かっている、儲かっていないという結果は正しく店員の表情やお店の雰囲気など、形になって表れているのです。

「仕事くん、経済くん、お金くん」とずっと付き合う友達になっているわけですから、お金くんのほうから近寄ってくる店(明るい店、繁盛店など)もあれば、お金くんに嫌われている店(不人気店、お客を大切にしない店など)もあることがわかるでしょう。

こうしたことは店員に話しかけてみるとより明らかになるのです。

金言

お店では積極的に店員に話しかけてみる

75

サービスなんてどこの店でもそんなに変わらないですよね。

こう考えよう

末端の店員がその店の鏡。意欲を見れば会社がわかる。

「サービスなんてどこも一緒でしょ？」

いいえ、これは大きな違いがあります。だいたい社長の意欲が高すぎると、その反動で組織の末端は意欲が低くなるものです。社長の意欲が高く、末端の現場も意欲が高いというのはすごい会社です。

父親が自分の家庭に対して真剣になるのは当たり前です。逆に子どもが家庭や家族を真剣に考えているほうが少ないです。

子を見れば親がわかる。親を見れば子がわかるのと同様に、現場のアルバイトを見れば店長がわかるし、現場の社員を見れば社長がわかる。わざわざ社長に会わなくても現場に行けばその会社がわかるのです。

アルバイト店員に「お勧めメニューは何？」と尋ねて答えられなくて、「少々お待ちください」と急いで厨房に確認しに行く人もいれば、「すべてですけど」と愛想なく答える人もいる。最近はちゃんとした会話ができる店員が少ないです。ただ相手の言葉に反応しているだけなのです。

「お勧めは？」「全部です」って考えるとおかしくないですか。会話になっていませんよね。

いろんな趣向のあるプールに泳ぎに来て、「どのプールが面白い？」「どれも面白いですよ」そんなことはわかっているのです。その中でもどれが面白いかと尋ねていることがわかっていないのです。

このように最近は阿吽（あうん）の呼吸でできる会話が通じなくなっています。ですからサービスのレベルにはかなりの差があります。

金言

飲食店では、アルバイト店員に「お勧めメニュー」を聞いてみる

おわりに

腐ったら負け！

本書で述べてきた考え方や対処法は、10年後、20年後には「古いよ」とか「そうじゃないよ」と批判されるかもしれません。また、ロスジェネ世代がどうなっているのかというモデルケースを、ロスジェネ世代を代表して彼らに告ぐ形でまとめていますので、40代、50代の方には考え方がわからない場合もあるかもしれません。

ゆとり教育を受けて、社会に出ると、今までの教育が役に立つわけもなく、そのうえビジネスのルールもまったく教えてもらえない。たとえ教わってなんとか対応したとしても40代、50代の大人のように会社や社会から恩恵（給料、社会保障など）を満足に受けられない。いわば飴のない世界で鞭ばかり打たれています。

ロスジェネ世代の「飴」とは何か。まず本書で述べてきたことをきちんと認識していくことが必要だと思います。つまり、「自立・自責」が大切だということです。これがロスジェネ世代の僕たちが身をもって経験してきたことだからです。

「若いから損をしている」と考えないようにしてください。そうではなく、20代のうちに「仕事くん」「お金くん」「経済くん」とどう付き合うか真剣に考え、自立・自責で生きていくことです。そうすると人間が腐らなくなります。同時に、嫌いなことや辛いことがあってもモチベーションが下がらなくなります。ただ単に、これらは筋肉痛なのだと感じるようになります。

これまですごくきれいに舗装された道路でないと前に進めなかった人間が、砂利道には砂利道の学びがあり、田んぼ道には田んぼ道の学びがあると認識できると、その状況に合わせて自分が変われるようになります。そのほうが自分の成長につながり、結果が出るということを理解できるようになりますから、どんどん筋肉が鍛えられていきます。

本書でも述べたように、上司が悪いと不満を言うのではなく、悪い上司につけば悪い上司と仕事ができるという筋肉のトレーニングになるわけですから、今後どんな上司がこようとも仕事ができるという筋肉がつくのです。そうなることで他人に左右されない、いわゆる依存心がない自分をつくることができます。心が強くなるのです。

また、この不景気の中で仕事をするということは最高の筋肉のトレーニングになります。これまで持ったことのない重いダンベルしかないのですから、それで鍛えれば、本物の人間になります。どんな不景気がこようが平気になりますから、いちいち悩まなくなりますし、モチベーションが上がったり下がったりもしなくなります。まさしく「プロフェッショナル・マインド」を身につけた人間になれるのです。

そして最後に一言。どんな状況でも「腐ったら負け」です。

著者

柘植　智幸　(つげ　ともゆき)

1977年、大阪生まれ。大阪ビジネスカレッジ専門学校経営学科卒業後、就職活動に失敗し、挫折を味わう。逆境をものともせず、逆転の発想で大学に対して就職支援、企業に対して人財育成事業に志を立てる。経験も人脈もお金もない「ないないづくし」の中で、就職ガイダンス、企業研修、コンサルテーションの仕事を次々に開拓する。現在は、株式会社じんざい社の代表取締役として、組織活性化のコンサルティングや社員教育に取り組む。ベテランコンサルタントにはない視点と発想を取り入れ、「自ら考え自ら行動し結果を出す人財」に変化させる手法には定評がある。今や研修業界のニューリーダーとし、若手人材のカリスマ的存在になっている。また、ゆとり教育世代の教育手法を開発し、第一人者として講演・研修に飛び回る。銀行系のシンクタンクや全国各地の商工会議所など年間150日以上の研修、セミナー、講演をこなす人気講師である。

著者連絡先
株式会社じんざい社
大阪市西区靭本町3-8-5 松本ビル
TEL：06-6225-5560　FAX：06-6225-5561
URL；http://jin-zai-sha.jp　E-mail；info@jin-zai-sha.jp

上司が若手に読ませたい　働く哲学

２０１１年２月22日　初版第一刷発行
２０１１年３月24日　第二刷発行

著　者――柘植智幸

発行者――脇坂康弘
発行所――株式会社　同友館
〒１１３－００３３
東京都文京区本郷６－16－２
TEL ０３－３８１３－３９６６
FAX ０３－３８１８－２７７４
http://www.doyukan.co.jp/

装　丁――菊池　祐（ライラック）
本文デザイン――今住真由美（ライラック）
印　刷――萩原印刷
製本所――松村製本所

 ISBN978-4-496-04670-4